우리 동네가
식품 사막이 된다고?

식품 사막에 모래처럼 쌓여 있는 사회 문제들

우리 동네가 식품 사막이 된다고?

장예진 글 • 편히 그림

썬더키즈
thunder kids

| 작가의 말

우리가 "오늘은 뭘 먹을까?"라고 고민할 때 "오늘은 먹을 수 있을까" 하고 고민하는 사람들이 있어요. 이들이 먹지 못하는 이유는 돈 때문만은 아니에요. 무슨 말인지 이해가 가지 않는다고요? 저도 그랬어요. 식품 사막에 대해 알기 전까지는요. 사람들이 먹지 못하는 문제에는 가난뿐 아니라 다양한 원인이 섞여 있어요.

식품 사막은 주변에 신선한 음식 재료를 파는 식료품 가게가 없는 지역을 말해요. 나라마다 식품 사막을 규정하는 범위는 다르지만, 전 세계적으로 식품 사막이 늘어나고 있어요. 여러분은 지금 이런 생각을 하고 있을지도 몰라요.

'우리나라에는 식품 사막이 없어서 다행이야.'

> "농촌 '식품 사막화' 심각하다"
> "달걀 사려면 차로 1시간"
> "식품 사막으로 인한 비만 인구 폭증"
> "저출산과 고령화가 식품 사막 만든다"
> "비싼 임대료에 결국 문 닫는 식료품 가게들"

잘 생각해 보면 신문과 텔레비전에서 이런 기사를 접한 적이 있을 거예요. 모두 우리나라에서 일어나고 있는 일이에요. 지구 반대편과 가까운 이웃 나라뿐 아니라 우리 농촌, 서울의 핫한 동네에서도 다양한 이유로 식품 사막이 생겨나고 있어요. 또 식품 사막은 지방 소멸, 불평등, 건강 악화, 가난 등 또 다른 사회 문제를 낳고 있어요. 이 문제들은 식품 사막을 만드는 원인이 되기도 해요.

이 책에 식품 사막에 살고 있는 사람들의 이야기를 공들여 담았어요. 저는 우리가 살고 있는 '지금 이 세상'에 관심을 가져야 우리가 살아갈 '미래'를 준비할 수 있다고 믿어요. 이 책이 지구촌 곳곳에 숨겨진 문제에 대해 궁금증을 가지고, 생각해 보는 계기가 되길 바라요.

시작하는 질문은 간단해요.

"우리 동네가 식품 사막이 된다고? 왜?"

장예진

| 차례

작가의 말 ··· 04

1장 할머니네 마을이 사라지고 있어요!
| 지방 소멸과 식품 사막

- 우리 할머니가 사막에 산다고? ··· 10
- 식품 사막에서 생긴 일 | 식품 사막이 뭐예요? ··· 22
- 식품 사막에서 찾은 오아시스 | 식품 사막으로 '찾아가는 마트' ··· 26

2장 배부르게 먹었을 뿐인데, 건강이 나빠진다고?
| 저소득층 밀집 지역과 비만

- 작은 씨앗에서 찾은 건강한 한 끼 ··· 30
- 식품 사막에서 생긴 일 | 야채와 과일 대신 정크 푸드를 먹어요 ··· 44
- 식품 사막에서 찾은 오아시스 | 신선 식품 접근성을 위해 직접 나선 정부 ··· 46

3장 이동식 마트가 오는 날만 손꼽아 기다려요!
| 인구 고령화와 쇼핑 난민

- 노리코 할머니의 텅 빈 냉장고 ··· 50
- 식품 사막에서 생긴 일 | 일본 노인 4명 중 1명은 '쇼핑 난민' ··· 60
- 식품 사막에서 찾은 오아시스 | 정부 보조금을 쏟아부은 이동식 마트 ··· 62

4장 마트에 갈 무료 버스가 필요해요!
| 교통 불평등과 식품 접근성

- 식품 사막 다섯 형제의 도전 ··· 66
- 식품 사막에서 생긴 일 | 마트가 왜 없어질까요? ··· 78
- 식품 사막에서 찾은 오아시스 | 교통비 부담을 줄여 드립니다! ··· 80

5장 흑인도 건강할 권리가 있어요!
| 흑인 차별과 식량 불안

- 흑인은 일찍 죽어도 괜찮나요? ··· 84
- 식품 사막에서 생긴 일 | 식품 사막과 겹치는 흑인 거주 지역 ··· 96
- 식품 사막에서 찾은 오아시스 | 퍼스트레이디가 시작한 텃밭 가꾸기 열풍 ··· 98

6장 젠트리피케이션 때문에 야채 가게가 없어졌어요!
| 높은 임대료와 내몰리는 식료품 가게

- 우리 동네가 유명해지면 좋은 거 아니야? ··· 102
- 식품 사막에서 생긴 일 | 젠트리피케이션이 뭐예요? ··· 112
- 식품 사막에서 찾은 오아시스 | 젠트리피케이션을 막으려는 구청과 상인의 협력 ··· 114

1장
할머니네 마을이 사라지고 있어요
| 지방 소멸과 식품 사막 |

우리 할머니가 사막에 산다고?

할머니 댁으로!

슬아는 겨울 방학이 되자마자 할머니 댁에 가지고 갈 짐을 챙겼어요. 엄마는 슬아 옆에서 못마땅한 표정을 지으며 말했어요.

"이제 곧 6학년인데 한 달이나 할머니 댁에 가 있는 게 맞는지 모르겠다. 다들 방학 특강 듣는다고 난리인데……."

"엄마, 걱정하지 마. 문제집, 매일 밀리지 않고 푼다니까!"

"아이고, 집에서도 밀리는 애가 거기서 잘도 풀겠다. 한 달 동안 다닐 학원이 있으면 좋은데 그 동네는 왜 학원이 없니?"

엄마는 스마트폰으로 계속 학원을 검색하며 말했어요. 걱정 가득한 엄마와 달리 슬아 마음은 기대감으로 가득 차 있었어요.

 그 이유 중 하나는 할머니가 해 주시는 맛있는 반찬 때문이고, 또 하나는 여름 방학 때 함께 놀았던 도윤이 오빠 때문이에요. 할머니 옆집에 사는 도윤이 오빠는 슬아보다 한 살 많아요. 웃는 얼굴이 진짜 귀여운 데다가 슬아에게 얼마나 잘해 줬는지 몰라요. 오빠는 슬아가 모기에 물리면 안 된다고 차고 있던 모기 퇴치 팔찌를 풀어서 슬아 손목에 채워 주기까지 했어요.

슬아는 이상하게 그 순간만 생각하면 얼굴이 붉어졌어요. 슬아는 중학교에 입학하는 도윤이 오빠에게 뭔가 선물하고 싶었어요. 그런데 엄마에게 말하기는 왠지 부끄러웠어요. 슬아는 할머니 핑계를 대며 할머니 선물에 도윤이 오빠 걸 슬쩍 끼워 넣었어요.

"엄마, 할머니 댁에 가는데 빈손으로 갈 수 없잖아. 할아버지랑 할머니 좋아하시는 박하사탕이랑 밤 양갱 좀 새벽 배송으로 주문해 줘. 그리고 샤프도."

"샤프는 왜? 너, 샤프 있잖아."

"가끔 샤프심이 안 나올 때가 있어. 문제집 밀리지 않고 풀려면 샤프가 하나 더 있어야겠어."

엄마는 문제집을 푼다는 말에 더 묻지 않고 온라인 쇼핑몰 승팡에서 주문해 주었어요.

다음 날 아침, 슬아는 새벽 배송된 물건을 챙겨 기분 좋게 할머니 댁으로 출발했어요.

지우개로 지운 것 같은 마을

슬아는 점심때가 훌쩍 지나 할머니 댁에 도착했어요. 할머니는 배고프겠다며 얼른 상을 차렸어요. 그런데 어쩐지 굉장히 미안한 표정이었어요.

"우리 손녀가 왔는데 반찬이 영 부실하네. 들기름에 두부도 굽고 계란찜도 해야 하는데. 지난주에 눈이 많이 와서 버스 타고 장에 갈 엄두가 안 나더라고."

"괜찮아요. 할머니가 만든 깻잎장아찌도 진짜 맛있어요."

슬아는 크게 뜬 밥 위에 깻잎 한 장을 올리며 말했어요.

"제가 후딱 먹고 마을 회관 옆에 있는 가게라도 다녀올게요."

슬아 말에 할머니는 손사래를 치며 말했어요.

"거기 문 닫은 지 벌써 몇 달 됐다. 마을 사람들이 자꾸 이사를 가니까 손님도 없고 버틸 수 없었겠지."

"사람들이 자꾸 이사를 가요? 왜요? 공기도 좋고 아주 예쁜 마을인데?"

"공기만 먹고 살 수 있니? 먹고 살려면 식료품을 사야 하는데 쉽게 살 수도 없고. 아, 저쪽 다리 건너에 있던 가게 알지? 지난달에 거기도 장사 안 한다고 물건 다 빼 버렸어. 이제 우유 한 팩, 시금치 한 단도 사려면 버스 타고 나가야 해."

할머니는 안타까운 표정으로 말했어요. 그때 슬아 머릿속에 뭔가 반짝 떠올랐어요.

"할머니, 슝팡이 있잖아요. 온라인 새벽 배송 모르세요? 지금 주문하면 내일 아침에 배달해 줘요."

할머니는 그게 가능하냐며 믿을 수 없다고 했지만, 슬아는 자신만만했어요. 곧바로 엄마에게 전화해 할머니 댁으로 두부, 계란, 콩나물, 우유, 과일을 배달시켜 달라고 했어요.

"할머니, 이제 걱정하지 마세요. 앞으로도 쭉 엄마에게 주문해 달라고 할게요."

그런데 잠시 후, 엄마에게서 전화가 왔어요.

"슬아야, 어쩌지? 할머니네 동네는 배달이 안 되는 곳이라고 하네?"

"말도 안 돼! 그런 게 어딨어?"

"그래서 다른 인터넷 쇼핑몰도 여러 군데 들어가 봤는데 다 안 된대. 할머니네 동네 주문량이 좀 돼야 배달이 될 텐데, 한 집만 배달을 갈 수 없으니 그런 모양이야."

슬아는 난감했어요. 평소에 먹고 싶은 음식을 말하면 엄마는 늘 온라인 쇼핑몰에서 식료품을 주문했어요. 그러면 다음 날 새벽에 주문한 물건이 집 앞으로 왔기 때문에 슬아는 배달이 안 될 수 있다는 생각은 하지 못했어요.

슬아는 조금 맥 빠진 목소리로 말했어요.

"할아버지, 할아버지 차 있잖아요. 그거 타고 저랑 장 보러 가요."

할아버지는 양손을 펴 보이며 허탈하게 어깨를 축 늘어뜨렸어요.

"슬아야, 이제 할아버지는 운전면허가 없단다. 나이 많은 운전자는 사고 위험이 크다고 해서 면허증을 나라에 반납했어."

할머니가 옆에서 할아버지 말을 거들며 한숨을 쉬었어요.

"그래서 우리 손녀가 오는 데도 장을 못 본 거란다. 버스 타고 40분을 가서 장을 보고 돌아오면 한나절이 다 가는데, 비나 눈이 오면 더 힘들어. 팔다리가 쑤시니 말이야."

슬아는 두 분을 속상하게 만든 것 같아 짐짓 분위기를 띄우려고 밝게 말했어요.

"할머니, 저랑 내일 장에 가요. 할머니 사고 싶은 거 다 사세요. 힘센 손녀가 들고 올게요."

슬아는 알통 자랑을 하듯 팔을 들어 보였고 할머니는 슬아 머리를 쓰다듬으며 얘기했어요.

"그래, 그러자. 옆집 도윤이네만 이사를 가지 않았어도 우리 손녀 고생 안 시켰을 텐데. 도윤이 아빠가 우리 식료품까지 사다 주곤 했거든. 우리한테 참 잘했는데……."

'헉!'

슬아는 너무 놀랐어요. 도윤이 오빠가 이사를 가다니!

"할머니! 도윤이 오빠가 이사 갔어요? 언제, 왜?"

"음, 추석 지나고 갔지. 아마 이제 중학교에 들어가니까 학교도 가깝고 학원도 있는 공부하기 좋은 곳으로 간……."

슬아는 할머니 말이 채 끝나기도 전에 잠깐 나갔다 온다며 집을 나왔어요. 그러고는 도윤이 오빠네 대문 앞에서 한참을 서성였어요. 자세히 보니 대문이 빼꼼 열려 있었어요. 슬아는 용기를 내어 대문을 밀고 들어갔어요.

슬아는 지난여름 햇빛을 피하려고 오빠와 함께 앉았던 장독대로 향

했어요. 여전히 도윤이 오빠가 앉아 있을 것만 같았어요. 하지만 장독대에는 작은 항아리 하나만 덩그러니 놓여 있었어요. 슬아는 항아리 뚜껑을 열어 보았어요. 거기엔 곱게 접힌 종이 한 장이 들어 있었어요.

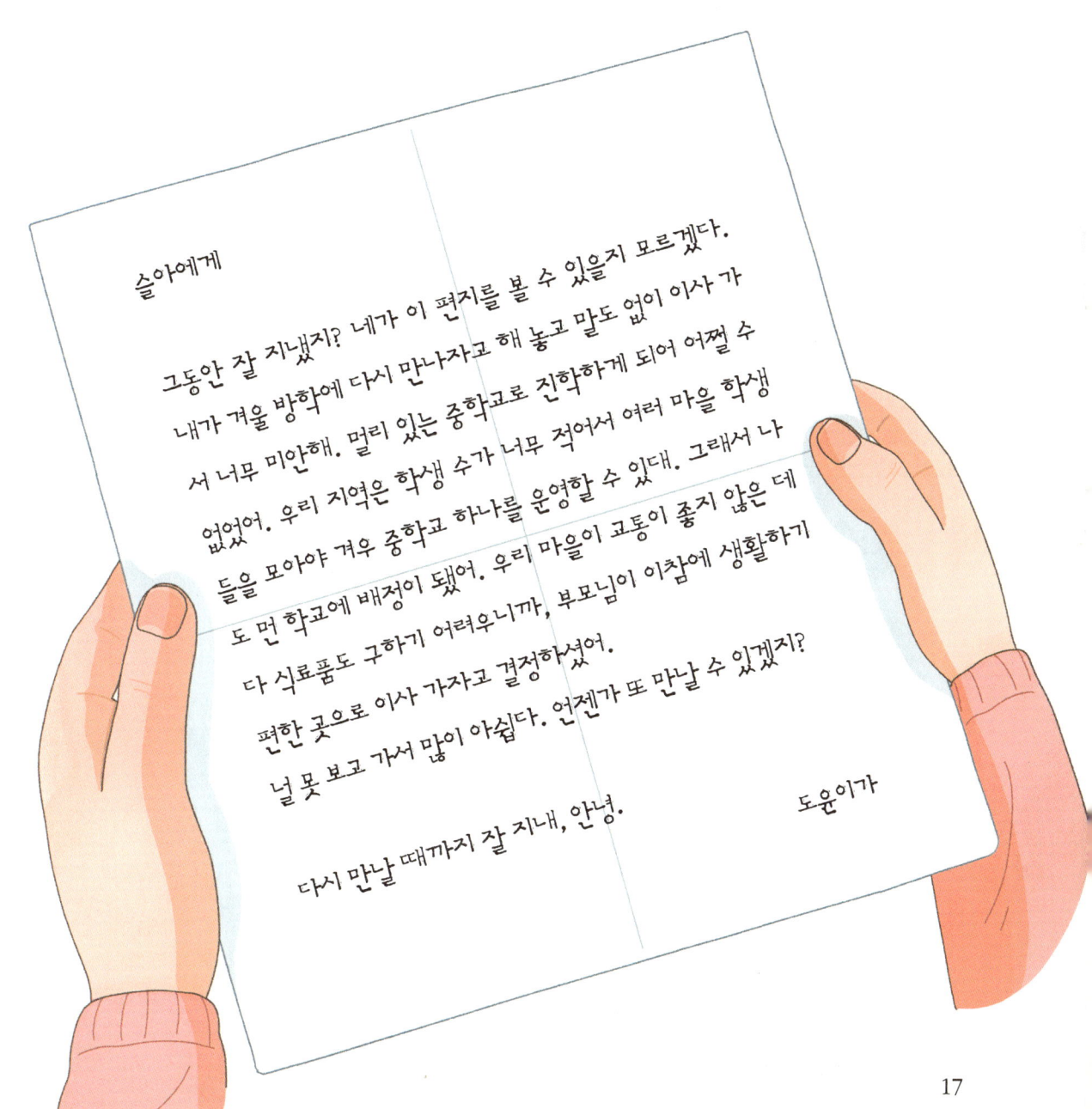

슬아에게

그동안 잘 지냈지? 네가 이 편지를 볼 수 있을지 모르겠다. 내가 겨울 방학에 다시 만나자고 해 놓고 말도 없이 이사 가서 너무 미안해. 멀리 있는 중학교로 진학하게 되어 어쩔 수 없었어. 우리 지역은 학생 수가 너무 적어서 여러 마을 학생들을 모아야 겨우 중학교 하나를 운영할 수 있대. 그래서 나도 먼 학교에 배정이 됐어. 우리 마을이 교통이 좋지 않은 데다 식료품도 구하기 어려우니까, 부모님이 이참에 생활하기 편한 곳으로 이사 가자고 결정하셨어. 언젠가 또 만날 수 있겠지? 널 못 보고 가서 많이 아쉽다.

다시 만날 때까지 잘 지내, 안녕.

도윤이가

슬아는 조용히 "오빠, 안녕."이라 말하고 대문을 빠져나왔어요. 아쉬운 마음을 달래려 마을을 한 바퀴 돌았어요. 도윤이 오빠와 아이스크림을 사 먹었던 가게도, 호랑이 같이 무서운 아저씨가 살던 집도, 개가 세 마리나 있었던 국숫집도, 새침데기 3학년 여자애가 살던 집도 모두 비어 있었어요. 꼭 누가 마을 군데군데를 지우개로 지운 것 같았어요.

어느새 어두워진 하늘을 보며 슬아는 생각했어요.

'아, 여기서 한 달을 지낼 수 있을까?'

사막 위의 할머니

할머니 댁에 돌아와 보니 할아버지가 텔레비전과 씨름을 하고 있었어요.

"이게 또 말썽이네. 디지털인지 뭔지, 버튼도 많고 뭘 잘못 누르면 이렇게 화면이 안 나온다니까."

할머니는 이것저것 눌러보는 할아버지에게 그러다가 고장 난다며 청년 회장을 불렀으니 가만히 기다리자고 했어요. 슬아는 청년 회장이라는 말에 귀가 번쩍했어요.

슬아는 젊은 사람이 왔을 때 인터넷 쇼핑몰 배송이나 식료품을 살 수 있는 곳을 물어봐야겠다고 마음먹었어요.

청년 회장이 들어오는 순간, 슬아는 실망하고 말았어요. 할아버지보다 고작 다섯 살 정도 어린 어르신이었어요.

'에이, 뭐야. 청년 회장이 아니라 할아버지 회장이잖아.'

슬아 생각을 눈치챘는지 청년 회장 할아버지가 말했어요.

"왜? 너무 늙어서 실망했니? 이래 봬도 내가 이 마을에서 제일 젊어, 하하하. 젊은 사람들은 학교 따라 직장 따라 하나둘 떠나고, 주민이 줄어 장사가 안되니까 가게, 식당이 없어지고, 가게랑 식당이 없으니까 불편해서 주민이 또 떠나고. 이제 마을에 노인밖에 남지 않았지. 쫑알쫑알 애들 목소리 들은 게 언제인지 모르겠다. 네가 보기에도 마을이 어째 좀 썰렁하지?"

청년 회장 할아버지의 말에 슬아 마음이 더 썰렁해졌어요. 슬아는 맛있는 음식이라도 먹어서 기분을 끌어올리고 싶었어요. 청년 회장 할아버지에게 물어 치킨집에 전화를 했어요.

"죄송합니다. 그쪽은 배달이 어려워요. 거리가 상당해서요."

'아니! 우리 할머니 집이 무슨 사막이라도 되나? 왜 배달이 안 돼!'

믿었던 치킨마저 먹을 수 없다고 생각하니 슬아는 좀 짜증이 났어요. 그런데 아까부터 어디론가 전화를 걸던 할머니 목소리가 갑자기 커졌어요.

"그래요, 고마워요. 우리 손녀가 왔는데 먹을 게 하나도 없어. 두부, 계란, 콩나물, 고등어, 냉이. 우유랑 주스는 큰 걸로. 다 적었어요? 아,

과자도 좀 있으면 좋겠네. 내일? 아이고, 좋아요. 좋아."

전화를 끊은 할머니는 슬아에게 내일 장에 안 가도 되니 아침에 실컷 늦잠을 자도 된다고 했어요. 내일은 슬아가 좋아하는 두부랑 냉이를 넣은 된장찌개를 끓여 줄 수 있게 됐다며 활짝 웃기까지 했어요. 12시쯤 반가운 손님이 온다면서요.

다음 날, 12시가 되려면 한참 멀었는데 할머니는 바삐 외출할 채비를 하고 장바구니를 챙겨 집을 나섰어요. 슬아도 함께 나가 보고 싶어서 슬쩍 다가가 장바구니를 받아 들고 할머니 손을 잡고 걸었어요.

"도대체 누가 오길래 우리 할머니가 이렇게 신이 나셨을까?"

"요즘에 할머니한테 젤로 필요한 사람!"

할머니는 슬아를 보며 슬며시 웃었어요.

그런데 두런두런 이야기를 나누던 할머니가 갑자기 슬아 손을 놓고 뛰기 시작했어요. 멀리 트럭 한 대가 마을 어귀로 들어오고 있었어요.

"슬아야, 네가 먹을 게 저 차에 있어. 어서 가자!"

할머니는 소리치며 성큼성큼 트럭을 향해 갔어요. 슬아는 지팡이를 흔들며 넘어질 듯 뛰어가는 할머니를 보면서 사막에서 오아시스를 발견한 사람을 떠올렸어요.

할머니는 정말 식품 사막에 살고 있었어요.

식품 사막이 뭐예요?

식품 사막(food desert)이라는 말은 1990년대 영국에서 저소득층이 많은 지역 주민들이 신선 식품을 구하지 못하는 현상을 설명하며 쓰이기 시작했어요. 사막에서 물을 찾기 어렵듯이 신선 식품을 구하기 어려운 지역을 식품 사막이라고 불러요.

▲ 고령층은 먼 곳까지 이동해 장을 보기 어려워요.

식품 사막은 2010년대부터 미국과 유럽, 일본 등에서 잇따라 생겨나 현재 심각한 사회 문제가 됐어요. 미국은 반경 800미터 내에 식료품 소매점이 없는 주민이 지역 인구의 3분의 1이 넘는 지역을 식품 사막이라 불러요. 일본은 식료품점이 반경 500미터 안에 없는 곳에 사는 노인을 장보기 약자로 보고 '쇼핑 난민'이라 부르고 있어요. 식품 사막을 규정하는 기준은 나라마다 다르지만, 신선 식품을 구매하기 어려운 지역, 가까운 곳에 식료품 가게가 없는 지역이라는 의미는 같아요.

식품 사막 문제는 식료품을 구하지 못하는 데에만 있지 않아요. 고령 인구가 많은 지역, 저소득층이 많은 지역, 교통이 불편한 지역, 흑인이 많이 사는 지역, 개발 붐이 일고 있는 지역 등 식품 사막이 생겨나는 곳을 살펴보면 다양한 사회 문제와 연결되어 있어요. 그래서 식품 사막을 연구하는 사람들은 사회 변화, 도시 구조, 식생활 등 다양한 각도로 살펴보며 대책을 세우고 있어요.

▌인구 고령화와 사라진 식료품 가게

우리나라는 전체 인구 중 65세 이상 노인 인구 비율이 20퍼센트가 넘는 '초고령 사회' 진입

농촌에서 식료품 가게가 사라지고 있어요.

을 코앞에 두고 있어요(2024년 기준). 또한 고령화가 급속도로 진행되고 있는 농촌을 중심으로 식품 사막 현상이 나타나고 있어요. 이는 노인 밀집 거주 지역이 식품 사막화되고 있다는 의미지요. 이제 농촌 마을 대부분은 식사 준비를 위해 어슬렁어슬렁 걸어 나가 두부나 달걀을 사는 일이 꿈같은 얘기가 됐어요. 통계청에 따르면 전국의 '-리'로 불리는 약 3만 7,563개 마을 중 식료품 소매점이 없는 곳이 73.5퍼센트에 달해요. 열 개 중 일곱 개 마을은 식료품을 살 가게가 없다는 뜻이에요. 발품을 팔아 옆 마을에 가서 사려 해도 옆 마을에도 가게가 없는 현실이지요.

인구가 갈수록 줄어들어 지역 상권이 소멸되고 있는 농촌에 식료품 가게가 새로 들어설 리 없고, 65세 이상 노인이 식료품을 구하기 위해 직접 차를 몰기도 어려워요. 농촌은 대중교통 사정이 좋지 않아 먼 지역까지 식료품을 사러 가기도 쉽지 않지요.

식품 사막 지역에 사는 노인들은 심각한 영양 불균형을 겪으며 건강을 위협받고 있어요.

| 떠나는 젊은 세대와 지방 소멸

농촌이 식품 사막이 되는 이유는 노인이 많기 때문이 아니에요. 젊은 사람이 다 떠나서 식료품 가게가 문을 닫고 있기 때문이지요.

젊은 사람은 왜 농촌과 지방 도시를 떠날까요? 한 번쯤 "우리나라 지방이 소멸되고 있다."라는 말을 들어 봤을 거예요. 소멸되어 가는 지방의 모습은 비슷해요. 주민 대부분이 고령의 할아버지와 할머니예요. 환갑을 훌쩍 넘은 분이 가장 젊은 사람이라 청년 회장을 맡는 경우도 많아요. 식료품과 생필품을 파는 가게나 마트도 마을에 한두 개 있을까 말까 해요. 병원, 편의 시설, 문화 시설도 없고 아이들이 다닐 학교도 없는 곳이 많아요. 일자리도 없어요. 이런 환경 때문에 젊은 사람은 농촌이 자리 잡고 살아갈 만한 곳이 아니라고 생각하지요. 그래서 농촌을 떠나 정주 여건(자리를 잡고 살아갈 만한 환경)이 더 좋은 곳으로 가요. 실제로 농촌에 사는 15~24세 청년을 대상으로 조사했더니, 대부분이 농촌을 벗어나 도시로 이주하고 싶다고 대답했어요.

청년과 어린이가 사라지면 농촌은 더 황막해져요. 이용하는 사람이 줄어들면 그나마 남아 있던 식료품 가게도 문을 닫고 학교도 폐교할 수밖에 없어요. 농촌은 이렇게 소멸되어 가고, 남겨진 노인들은 식품 사막에 덩그러니 남게 돼요. 전문가들은 농촌이 식품 사막이 되는 이유가 '거주 인구 감소의 후유증'이라 말하고 있어요.

지방 소멸의 또 다른 이유, 저출산

지방 소멸은 인구 감소와 경제 불황 등으로 지방의 지역 공동체가 소멸하는 현상을 말해요. 인구가 줄어드는 주요 원인 중 하나는 저출산이에요. 현재 우리나라는 심각한 저출산 위기를 겪고 있어요. 특히 지방은 더 심각한 상황이에요. 2023년 기준으로 우리나라 합계 출산율은 0.72명이에요. 합계 출산율은 여성 한 명이 낳을 것으로 예상되는 평균 자녀 수예요. 경제 협력 개발 기구(OECD) 38개 회원국 가운데 합계 출산율이 1명 미만인 나라는 우리나라뿐이에요. 프랑스(1.8명), 미국(1.66명), 독일(1.58명)은 물론 우리나라보다 먼저 초고령 사회에 들어선 일본(1.3명)과 비교해도 차이가 커요. 우리나라 사람들이 아이를 낳지 않는 이유는 결혼 시기가 늦어져서, 경제적으로 안정되지 않아서, 높은 집값 때문에, 여성의 사회 진출이 활발해져서, 아이를 돌봐 줄 사람이 없어서 등 다양해요. 각 지방 자치 단체는 출산 장려금 지급, 육아 지원 정책 강화 등 다양한 출산 장려 정책을 시행했지만, 출산율은 크게 오르지 않고 있어요.

저출산으로 인한 급격한 인구 감소와 인구 초고령화, 젊은 세대의 지방 이탈이 지방 소멸의 가장 큰 원인이에요. 전문가들은 지방 소멸 위기는 국가 소멸로 이어질 수 있는 큰 문제이기 때문에 대책이 시급하다고 입을 모으고 있어요.

식품 사막화를 더 빠르게 만드는 온라인 중심 쇼핑 환경

여러분 가정은 식료품을 주로 어디에서 사나요? 오프라인 매장보다 온라인 쇼핑몰이 먼저

온라인 쇼핑이 늘어나면서 오프라인 매장이 줄어들고 있어요.

떠오르는 경우가 많을 거예요. 쇼핑 환경이 온라인 중심으로 바뀌면서 도시, 농촌 할 것 없이 식품 사막이 생겨나는 속도가 더욱 빨라지고 있어요. 대형 마트 하면 바로 떠오르는 이마트, 홈플러스, 롯데마트 등은 오프라인 매장의 매출이 감소하자 매장을 계속 없애고 있어요. 온라인 새벽 배송, 온라인 쇼핑몰, 해외 사이트 등을 이용하는 소비자 비율이 점점 높아지고 있기 때문에 오프라인 매장을 유지할 이유가 없어졌지요.

사실 식품 사막은 소비자가 쉽게 방문할 수 있는 오프라인 매장이 사라져 생겨난 문제예요. 가까운 곳에 식료품을 살 수 있는 소매점이나 마트가 없다면 삶의 질이 떨어질 수밖에 없어요. 온라인 쇼핑몰을 이용하면 되지 않냐고요? 온라인 주문과 배송에 있어 도시와 농촌의 격차는 아주 커요. 서울과 경기권, 광역시는 배송이 되지만, 많은 농촌 지역과 섬은 배송이 되지 않아 식료품과 물건을 온라인으로 주문할 수 없어요. 또 고령층 같이 디지털 기기 사용이 서툰 디지털 약자는 온라인으로 주문하는 일도 힘들지요.

▍식품 사막은 건강과 직결된 중요한 문제

자동차 운전과 온라인 쇼핑이 어려운 고령층은 식료품을 구매할 때 도보나 대중교통에 의존할 수밖에 없어요. 가까운 곳에 가게가 없으면 버스를 타야 하는데 무거운 물건을 들고 버스를 기다리거나 걷기엔 몸이 불편해 힘들지요. 온라인 쇼핑으로 주문하려고 해도 농촌 지역은 거리 때문에 배송비가 더 붙거나 아예 배송이 안 되는 경우도 많아요. 이렇게 식료품을 구매하는 경로가 차단되면 장기간 영양을 불균형하게 섭취하게 돼 결국 건강에 문제가 생길 수 있어요.

대한 영양사 협회에서 실시한 조사에 따르면, 농촌 지역 읍·면에 사는 주민들은 육류와 과일, 유제품을 권장량보다 부족하게 먹고 있으며, 영양 상태가 부실한 주민 비율이 20.4퍼센트로 도시에 비해 높게 나타났어요.

| 식품 사막에서 찾은 오아시스 |
식품 사막으로 '찾아가는 마트'

몇몇 식품 사막 지역에는 마을 회관까지만 걸어 나가면 식료품을 살 수 있는 장소가 있어요. 농업 협동조합에서 운영하는 찾아가는 마트, '농협 이동 장터'가 바로 그곳이에요. 농협 이동 장터는 특수 개조한 트럭에 식료품을 싣고 전국 곳곳을 방문하고 있어요. 경기 포천의 행복장터, 전남 영암의 기찬장터, 전남 고흥의 화목장터, 경남 거제의 행복마차 등이 농협 이동 장터지요. 이곳에서 파는 물품은 화장지, 비누, 샴푸, 세제 같은 생필품부터 우유, 달걀, 콩나물, 두부 등 식료품까지 다양해요. 미리 전화로 주문하면 육류, 생선도 준비해 놓아요. 또 무거운 물건은 손수레에 실어 집까지 가져다주기도 해요. 사실 농협 이동 장터는 이익이 적다고 해요. 하지만 장보기가 어려워 고통받는 주민, 특히 거동이 불편한 어르신을 위해 시작한 일이기 때문에 복지 사업으로 여겨 계속 이어갈 예정이라고 해요.

| 지방 자치 단체가 추진하는 이동형 맞춤 슈퍼마켓

충청남도는 4,390개 마을 중 75퍼센트가 식료품 소매점이 전혀 없는 식품 사막이에요. 대중교통도 열악하고 식료품점도 없어 두부 한 모, 달걀 하나조차 사기 어려워요. 어려움을 해결하기 위해 충청남도 의회에서는 '농어촌 쇼핑 약자를 위한 이동형 슈퍼마켓 정책 연구 모임'을 만들었어요. 지역 상황을 잘 아는 지방 자치 단체가 식품 사막 문제를 더 빠르고 현실에 맞게 해결할 수 있다는 생각으로 시작했지요. 정치인, 기업인, 유통 전문가 등이 머리를 맞대고 '충남형 이동 슈퍼마켓'을 추진하고 있어요. 어서 빨리 시행되어 오지 마을 구석구석까지 찾아가면 좋겠어요. 식품 사막 주민들이 식품 불안정에서 벗어날 수 있게 말이에요.

소외 지역도 택배를 받을 수 있게!

식료품 배달은 노인 가구에 큰 도움이 돼요.

인구 소멸 위험 지역 대부분은 온라인 쇼핑몰 택배 배송이 되지 않아요. 가장 적은 경비로 물품을 신속하게 원하는 장소에 보내는 시스템을 물류라고 하는데, 인구 소멸 위험 지역은 물류가 취약한 곳이기 때문이에요. 이곳은 택배 배송이 되지 않아 원하는 식재료를 제때 구하지 못하는 일이 많아요. 문제를 해결하기 위해 정부는 온라인 쇼핑몰, 택배 회사 등과 협의해 인구 소멸 위험 지역에도 택배 배송이 가능하도록 하고 있어요.

또, 각 지방 자치 단체는 택배 소외 지역 50여 곳을 선정해 택배비를 지원하고 있어요. 섬에 사는 주민 한 명당 택배비를 연간 최대 40만 원씩 지원해 수도권과 소외 지역 간의 물류 격차를 줄이고 섬 주민이 식료품과 생필품을 좀 더 쉽게 구할 수 있게 돕고 있어요.

직접 재배해서 먹고, 팔고!

고령 농가의 농작물을 유통시키면 노인 가구 소득과 식품 사막 문제를 동시에 해결할 수 있어요.

늘어나는 노인 인구가 식품 사막 문제를 해결하는 하나의 방법이 될 수 있어요. 식품 사막에는 소규모 고령 농가가 많지만, 재배한 농작물을 팔 곳이 없었어요. 이에 경상남도 의령군은 농산물 유통 기업과 손잡고 상생 프로젝트를 진행했어요. 먼저 문을 닫은 학교를 물류 센터로 만들었어요. 의령군은 소규모 고령 농가의 농작물을 구매해 식품 사막으로 가는 이동 장터에 팔고, 남은 농작물은 폐교 물류 센터를 통해 전국의 마트와 소매점에 보냈어요. 상생 프로젝트는 식품 사막 주민에게는 신선한 먹거리를 제공하고, 고령 농가에는 소득이 돼 지역 경제에도 도움이 돼요. 또 상생 프로젝트 과정에는 일손이 필요하기 때문에, 새로 생겨난 일자리가 젊은 사람들이 지역을 떠나지 않게 만드는 해결책이 될 수 있어요.

2장

배부르게 먹었을 뿐인데, 건강이 나빠진다고?

| 저소득층 밀집 지역과 비만 |

작은 씨앗에서 찾은 건강한 한 끼

가난하지만 희망은 있어

사만다 가족은 몇 달 전 시카고 남부에 있는 저소득층 밀집 지역으로 이사 왔어요. 정원 관리사인 아빠가 다리를 다쳐 일을 할 수 없게 되는 바람에 월세가 저렴한 곳으로 옮겨야 했거든요.

새 동네는 거리에 노숙자가 많고 허름한 집도 많았어요. 사만다네 집도 예전보다 훨씬 낡고 작아졌어요. 달라진 형편에 한숨 쉬는 사만다에게 엄마는 '그래도 좋은 점'을 세 가지만 떠올려 보라고 했어요. 그럼 기분이 한결 나아진다고요. 사만다는 곰곰이 생각하고 말했어요.

"아! 아빠는 만날 바빴는데 같이 있는 시간이 많아 좋아요. 아빠가 열심히 재활 훈련을 하고 있으니까 곧 나을 거고, 엄마까지 일자리를 구했으니까 우린 금방 부자가 될 거예요."

엄마는 크게 웃으며 마지막 세 번째 좋은 점은 뭐냐고 물었어요. 사만다는 제시카를 떠올리며 대답했어요.

"아직 확실하지 않은데요, 단짝이 생길 것 같아요."

"축하한다! 사만다."

엄마, 아빠는 박수를 치며 좋아했어요.

사만다의 생각이 맞았어요. 볼에 바람을 넣은 듯 포동포동한 제시카는 처음부터 사만다에게 잘해 줬어요. 전학 와서 모든 것이 낯선 사만다에게 학교 시설 위치도 알려 주고 준비물도 빌려줬어요.

그러던 어느 날, 요리하는 영상을 보고 있는 사만다 옆에 제시카가 바짝 붙어 앉으며 물었어요.

"사만다, 너 혹시 에이미 언니 유튜브 요리 채널 보니?"

"어! 너도? 나, 에이미 언니 팬이야."

제시카는 활짝 웃는 얼굴로 음식을 먹는 시늉을 하며 에이미 언니가 영상을 끝낼 때마다 외치는 말을 시작했어요.

"건강하게 먹고!"

신이 난 사만다도 손을 하늘 높이 들며 뒤를 이어 외쳤어요.

"행복하게 살자!"

둘은 에이미 언니 덕분에 더 친해졌고, 사만다는 하루하루가 즐거웠어요.

그런데 정말 깜짝 선물같이 더 신나는 일이 생겼어요. 글쎄, 내일 에이미 언니가 학교에 와서 특별 수업을 한대요.

"최애 유튜브 스타를 학교에서 직접 만날 수 있다니!"

"우리 꼭 사진도 같이 찍자!"

사만다와 제시카는 손을 들어 하이 파이브를 했어요.

토마토를 처음 본다고?

꿈이 요리사인 사만다는 엄마와 함께 음식 만드는 걸 좋아했어요. 그런데 이 지역으로 이사 온 뒤로는 엄마도 사만다도 요리를 하지 못했어요. 식재료를 구하기가 너무 힘들었거든요. 예전에는 이곳에도 식재료를 파는 마트가 있었대요. 하지만 가난한 사람이 많이 살다 보니 물건이 잘 팔리지 않아 결국 마트가 문을 닫았대요. 지금은 식재료를 사려면 차로 1시간 이상 걸리는 다른 지역 마트까지 가야 했어요.

사만다네는 차도 없는 데다, 일하느라 바쁜 엄마가 버스를 타고 먼 거리에 있는 마트까지 가기는 어려웠어요. 사만다네는 자연스럽게 가까운 식당에서 피자나 햄버거를 사다 끼니를 때우는 일이 많아졌어요.

오늘 아침에도 엄마는 피자를 데우며 한숨을 쉬었어요.

"사만다, 또 피자라 미안해. 식재료를 사기 힘드니 건강보다 배를 채우는 게 우선이 돼 버렸구나."

사만다는 엄마의 한숨이 이해가 안 됐어요. 피자가 어때서요? 피자

는 정말 맛있는 음식인데 말이에요.

사만다는 제시카와 교문 앞에서 만났어요. 제시카는 에이미 언니 유튜브 영상부터 틀었어요.

"어제 올라온 영상이네? 난 이미 봤지롱. 진짜 맛있어 보이지?"

사만다 말에 제시카는 아리송한 표정을 지으며 말했어요.

"나도 이 스테이크 샐러드 만드는 과정을 쭉 봤거든. 근데 설탕을 넣지 않았는데 왜 자꾸 달다고 하지?"

그 때, 누군가가 뒤에서 두 사람의 어깨를 감싸며 말했어요.

"궁금하지? 답은 잠시 후에 알려 줄게. 이따 보자."

꺅! 에이미 언니였어요. 사만다와 제시카는 얼음이 되어 에이미 언니와 몇몇 사람이 식재료를 옮기는 모습을 멍하니 쳐다봤어요. 그 모습을 카메라로 촬영하는 촬영 팀도 있었어요.

"와, 난 저런 거 처음 봐."

제시카가 신기한 듯 말했어요. 사만다는 제시카의 팔을 잡고 끌어당겼어요.

"나도 촬영하는 건 처음 봐. 근데 제시카, 강당 앞자리에 앉으려면 얼른 가자."

강당에 들어서니 정말 많은 아이들이 빼곡하게 있었어요. 조금 뒤에 에이미 언니가 등장했어요. 에이미 언니는 특유의 활기찬 목소리로 말했어요.

"오늘 저는 고기와 야채가 듬뿍 들어간 수프와 신선한 샐러드를 만들 예정이에요."

언니는 줄기에 대롱대롱 매달린 토마토를 보여 줬어요. 언니 뒤에 있는 커다란 화면에 먹음직스러운 토마토가 크게 나타났어요. 아이들 입이 딱 벌어졌어요.

"여러분, 이게 뭔지 알죠?"

아이들에게서 선뜻 대답이 나오지 않았어요. 에이미 언니는 고개를 갸우뚱하더니 앞에 앉은 제시카를 지목해 다시 물었어요. 이상하게도 제시카는 꿀 먹은 벙어리처럼 말이 없었어요. 사만다는 손가락으로 제시카 옆구리를 쿡 찔렀어요. 그제야 제시카가 입을 열었어요.

"토마토인 건 알아요. 그런데 사진으로만 봤지 실제로는 처음 봐요."

사만다는 충격을 받았어요. 아까 제시카가 처음 봤다고 말한 게 촬영하는 모습이 아니라, 토마토였나 봐요.

제시카의 말에 연달아 아이들의 대답이 쏟아졌어요.

"맞아요. 줄기가 달려 있고, 자르지 않은 토마토는 처음 봐요. 토마토케첩은 만날 먹지만……."

"토마토 스파게티 소스나 토마토 주스는 많이 먹어 봤어요."

에이미 언니는 이 지역은 신선 식품을 파는 마트가 없는 식품 사막이기 때문에, 생토마토를 보기 어려울 수 있다고 했어요.

"식품 사막에 사는 사람들은 거리가 먼 마트에 자주 갈 수 없기 때문

에 한 번 갈 때 식재료를 많이 사야 하죠. 그래서 금방 시들거나 상하는 야채나 과일, 우유, 생선 같은 신선 식품보다 오래 두고 먹을 수 있는 가공식품이나 냉동식품을 많이 사게 돼요."

사만다가 한 번도 생각해 보지 않은 문제였어요. 돌이켜 보니 이사 온 뒤로 엄마도 마트에 가면 냉동식품이나 유통 기한이 넉넉한 통조림을 많이 사 왔어요. 싸고, 오래 두고 먹을 수 있기 때문이라고 했어요.

사만다는 브로콜리를 써는 에이미 언니를 보며 생각했어요.

'그러고 보니 브로콜리 먹은 지도 오래됐네. 끓는 물에 살짝 데쳐 먹으면 아삭하고 맛있는데…….'

사만다는 가난한 지역으로 이사 와서 집과 학교도 바뀌었지만, 먹는 음식까지 달라졌다는 생각이 들었어요.

에이미 언니는 아이들에게 다시 물었어요.

"만약 사과 한 알과 햄버거 한 개가 가격이 같다면 여러분은 무엇을 사겠어요?"

이번에는 아이들이 바로 대답했어요.

"당연히 햄버거죠. 햄버거는 식사가 되지만 사과 한 알로는 한 끼를 때울 수 없어요."

"햄버거가 더 배불러요."

아이들이 모두 "맞아, 맞아!" 하며 맞장구를 쳤어요.

에이미 언니는 안타까운 표정으로 말했어요.

"일단 주변에 신선 식품을 파는 가게가 없고, 다른 지역 마트에 간다 해도 과일이나 야채는 비싸서 선뜻 사게 되지 않아요. 그런데 가까이에 싸고 맛있는 햄버거나 피자 가게가 많으니까 자주 이용하게 되죠?"

아이들이 여기저기서 맞다고 소리쳤어요. 하지만 에이미 언니는 가볍게 끼니를 때우는 습관이 건강을 해칠 수 있다고 했어요.

"햄버거, 피자, 감자튀김 같은 정크 푸드를 많이 먹으면 비만이 될 확률이 높아져요. 비만은 다른 병을 생기게 할 수 있고요."

에이미 언니의 말에 제시카가 손을 들고 말했어요.

"과일이나 샐러드로는 배가 차지 않아요. 또 샐러드는 맛이 없어요."

에이미 언니는 제시카를 앞으로 부르더니, 어느새 완성된 수프와 샐러드를 먹어 보라고 했어요.

"어? 맛있어요. 설탕을 넣지 않았는데 단맛이 나네요?"

에이미 언니는 양파에 비밀이 있다고 했어요. 양파를 볶으면 단맛이 난대요.

"우와!" 하고 아이들이 탄성을 질렀어요. 그런데 누군가 볼멘소리를 했어요.

"아무리 맛있어도 샐러드 재료가 없으면 만들지 못하잖아요?"

에이미 언니는 진지한 표정으로 말했어요.

"그래서 오늘 제가 여기에 왔어요. 어려운 상황이지만 함께 노력하자는 말을 하고 싶어서요. 여러분이 건강해야 꿈을 이룰 수 있잖아요. 건강하게 먹으려는 여러분의 노력이 식품 사막의 오아시스가 될 거예요."

우리가 먹는 음식이 곧 우리 몸

에이미 언니는 우리가 먹는 음식이 곧 우리 몸이 된다고 말하며 화면에 지도 두 개를 띄워 보여 줬어요.

"하나는 식품 사막 지도이고, 다른 하나는 비만 인구 비율이 표시된 지도예요. 어때요?"

"어! 거의 일치해요."

사만다와 아이들 표정이 근심으로 가득 찼어요.

"두 지도를 보면 정크 푸드를 많이 먹는 식품 사막 지역에 비만인 사람이 많다는 걸 알 수 있어요."

"그럼 우린 어떡해요? 집에도 거리에도 정크 푸드가 대부분인데……."

제시카의 말에 에이미 언니는 너무 걱정할 필요는 없다고 했어요.

"여러분이 노력하면 이 지도를 바꿀 수 있어요. 지금 나누어 주는 씨앗이 그 시작이 되면 좋겠어요."

에이미 언니 말이 끝나자, 선생님이 아이들에게 다가와 씨앗 봉투를 나눠 줬어요. 아이들은 상추, 방울토마토, 오이, 청경채 등 다양한 씨앗을 골라 가졌어요.

에이미 언니는 씨앗을 심고 키우는 방법을 영상으로 보여 줬어요. 어려워 보이지는 않았어요. 잘 키우겠다는 의지만 있다면요.

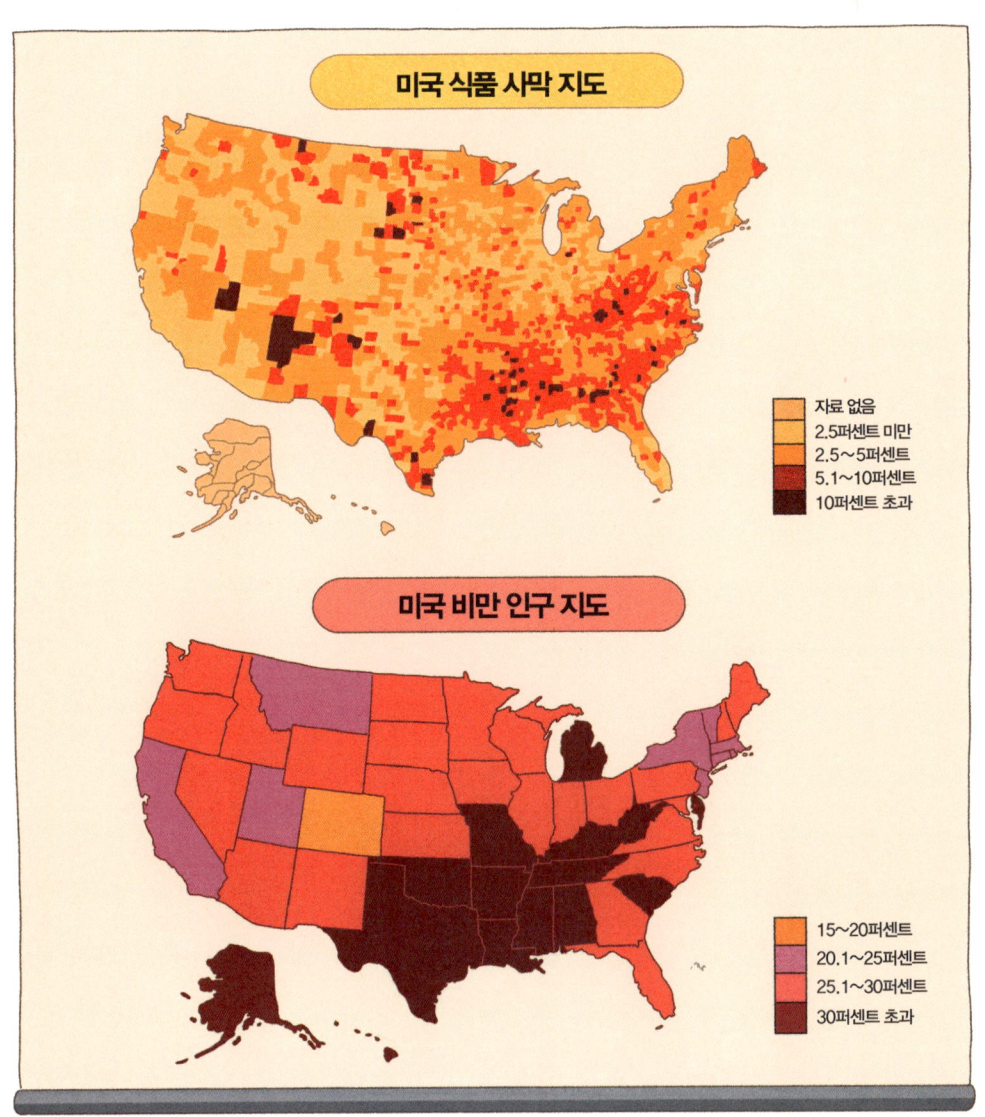

에이미 언니는 수업을 마치며 자신의 인터넷 블로그를 소개했어요.

"여기에 여러분 학교 카테고리를 만들어 놨어요. 누구든 들어와서 푸드 일기를 쓸 수 있어요. 키우고 있는 야채가 얼마나 자랐는지 올려도 좋고요. 그날 먹은 음식을 적어도 좋아요. 제가 시간 날 때마다 답글을 달게요. 오늘 여러분을 만나서 정말 즐거웠어요."

손을 흔드는 에이미 언니에게 아이들이 박수를 쳤어요.

그 때, 사만다가 손을 번쩍 들고 말했어요.

"언니, 마지막 구호도 외쳐야죠!"

에이미 언니는 환하게 웃으며 영상에서처럼 "건강하게 먹고, 행복하게 살자!"라고 말했어요. 사만다는 에이미 언니가 준 씨앗 봉투를 꼭 끌어안고 다짐했어요.

'정성껏 잘 키워야지.'

사만다와 제시카는 에이미 언니 블로그에 푸드 일기를 열심히 썼어요.

● **사만다** 오늘은 피자를 두 조각 먹으려다 한 조각만 먹고, 엄마가 삶아 놓은 단호박을 으깨 먹었어요.

↳ **에이미** 우아! 대단한걸. 단호박은 삶아서 냉동실에 보관하면 3개월까지 신선하게 먹을 수 있어. 참고해.

● **제시카** 옥수수 통조림을 한 통 다 먹고 싶었는데 꾹 참고, 잘게 썬 피망에 조금만 섞어 먹었어요.

↳ **에이미** 어떻게 피망이랑 섞어 먹을 생각을 했지? 제시카는 꼬마 요리사네. 팁을 하나 주자면, 양파를 썰어 넣어도 맛있어.

그렇게 매일 푸드 일기를 쓰는 사이에 두 가지 변화가 생겼어요. 제시카의 통통했던 볼살이 쏙 빠졌고요, 사만다가 키우는 방울토마토와 제시카가 키우는 상추를 수확하게 됐어요.

사만다는 수확의 기쁨을 에이미 언니와 나누고 싶었어요.

"제시카, 우리가 키운 야채로 샐러드를 만들자. 샐러드 사진을 에이미 언니에게 보내면 어때?"

제시카는 좋은 생각이라며 자기가 접시에 예쁘게 담겠다고 했어요. 정말 꽃처럼 예쁜 샐러드가 만들어졌어요.

사만다와 제시카가 만든 샐러드 사진은 지금도 에이미 언니 블로그 대문 사진으로 걸려 있어요. 사만다는 그 사진을 볼 때마다 생각해요.

'식품 사막에 살고 있어도 노력하면 건강을 지킬 수 있어. 에이미 언니 말처럼 내 노력이 오아시스가 될 테니까!'

야채와 과일 대신 정크 푸드를 먹어요

식품 사막이라는 말이 등장한 후에, 많은 학자들은 신선 식품을 구할 수 없는 환경과 건강이 어떤 상관관계가 있는지 연구했어요. 연구 결과, 사람들은 신선 식품을 구하기 어려워지면 자연스럽게 정크 푸드와 가공식품에 의존하게 되는 것으로 나타났어요.

달고 짠 정크 푸드는 맛있지만 건강에 나빠요.

식품 사막에는 소득이 적은 저소득층이 많이 살아요. 이들은 신선 식품을 사러 다른 지역까지 타고 갈 자동차가 없고, 교통비도 넉넉하지 않은 경우가 많아요. 또 주변에는 식료품 소매점 대신 패스트푸드 매장과 통조림, 가공식품을 파는 잡화점이 많아요. 이런 음식은 대개 값이 싸기 때문에 형편이 어려운 사람이 쉽게 선택하게 되지요.

인스턴트식품이나 패스트푸드를 가리키는 정크 푸드는 정크(junk, 쓰레기)라는 단어의 뜻처럼 부실한 음식이라는 의미예요. 열량은 높고 영양가는 많이 떨어지기 때문에 붙은 이름이지요. 정크 푸드는 지방, 설탕, 소금으로 범벅이 되어 달고 짠맛으로 사람들을 유혹해요. 값도 저렴해 식품 사막 주민들은 배불리 먹기 위해 정크 푸드를 선택해요.

하지만 음식은 먹는 데에서 끝나지 않아요. '먹는 음식이 곧 몸'이라는 말처럼, 섭취한 음식은 건강에 영향을 미쳐요. 정크 푸드와 가공식품을 많이 먹는 식품 사막 주민들에게 비만, 당뇨, 고혈압 등의 성인병은 아주 흔한 질병이지요.

낮은 소득이 비만의 원인이라고요?

"잘사는 사람은 잘 먹어서 살이 더 찐다."라는 말은 옛말이 됐어요. 건강 전문가들은 비만의 원인 중 하나가 저소득이라고 말해요. 우리나라도 월평균 가구 소득에 따라 비만율이 극명한 차이를 보여요. 가구 소득이 낮은 저소득층에서 비만율과 고도 비만율이 모두 높게 나타났어요. 이 결과를 두고 사람들은 "비만은 가난을 먹고 자란다."라고 말하기도 해요.
왜 저소득층의 비만율이 높을까요? 다양한 식재료를 사서 골고루 먹으려면 식비가 많이 들기 때문이에요. 에너지 섭취가 우선인 저소득층은 열량이 높고 값이 싼 음식을 택해요. '텅 빈 열량'이라고 불리는 이 식사는 포만감을 줄 뿐 영양 공급이 제대로 되지 않아요.

식품 사막 어린이의 심각한 소아 비만

식품 사막 지역은 소아 비만율도 빠르게 증가하고 있어요. 의사들은 성인 비만보다 소아 비만이 더 위험하다고 말해요. 성인 비만은 지방 세포 크기만 커지는데 소아 비만은 지방 세포 수도 같이 늘어나기 때문이에요. 게다가 소아 비만은 성인 비만으로 이어질 확률이 높다고 해요. 소아 비만의 또 다른 문제는 기대 수명 감소예요. 전문가들은 식품 사막에 사는 어린이는 부모보다 오래 살지 못하는 첫 번째 세대가 될 수 있다고 경고해요. 세계 여러 나라는 비만을 예방하고 관련 질환 발병을 낮추기 위해 캠페인, 건강 검진 등 다양한 보건 정책을 펼치고 있어요. 여기에 드는 사회적 비용도 해마다 늘고 있어요.

정크 푸드는 환경도 오염시켜요

사람들의 입맛을 점령한 정크 푸드는 지구도 빠르게 점령하고 있어요. 바닷가에서, 나무가 울창한 숲에서, 바다 한가운데 있는 섬에서도 우리는 쓰레기 더미를 심심치 않게 볼 수 있어요. 대부분 탄산음료 캔과 통조림, 정크 푸드를 담았던 포장재예요. 정크 푸드는 건강뿐 아니라 환경까지 오염시키고 있어요.
가까운 곳에 신선 식품이 없어 어쩔 수 없이 정크 푸드를 먹게 되더라도 자신의 신체 건강과 함께 지구 환경도 생각해야 해요.

| 식품 사막에서 찾은 오아시스 |
신선 식품 접근성을 위해 직접 나선 정부

수확한 농산물을 농부가 직접 판매하는 파머스 마켓
ⓒ Elekes Andor

식품 사막 문제를 해결하려 적극적으로 나선 나라는 미국이에요. 미국에 식품 사막이 6,500여 곳이나 되기 때문이에요. 특히 시카고시는 10여 년 전부터 식료품의 원활한 공급을 위해 노력하고 있어요. 우선 채소와 과일을 판매하는 간이 상점을 늘리고 농부들이 직접 참여하는 파머스 마켓을 자주 열어 먹거리를 살 수 있는 환경을 만들었어요. 그 결과, 신선 식품을 사지 못하는 시민이 2년여 만에 21퍼센트나 감소하는 효과가 있었어요.

또, 시카고시는 최근 저소득층 밀집 지역에 시 예산으로 운영하는 시립 식료품점을 만들겠다고 발표했어요. 매출이 적다는 이유로 저소득층 밀집 지역에 있는 대형 식료품 매장 대부분이 문을 닫았어요. 시카고시는 모든 사람이 건강하게 살 권리가 있다는 생각을 바탕으로, 신선 식품을 저렴하게 파는 시립 식료품점을 열 계획이에요. 경제 논리로 운영하는 민간 기업과는 달리 시립 식료품점은 문을 닫을 위험이 훨씬 적기 때문에 식량 불안정 문제를 해결할 수 있어요.

| 건강한 음식의 중요성을 알리는 교육

시카고시는 건강한 음식이 왜 중요한지 알리는 교육 프로그램도 운영하고 있어요. 사만다 학교에 에이미 언니가 요리 수업을 하러 온 것처럼 학교, 주민 센터, 의료 시설에서 균형 잡힌 식단과 영양에 대해 알리는 프로그램을 만들었어요. 사람들이 무심코 먹는 정크 푸드의 위험성

을 알리고 건강한 음식을 먹도록 유도하기 위해서예요. 실제로 많은 사람이 교육 프로그램을 통해 건강한 음식의 중요성을 깨닫고 식생활을 바꾸고 있어요.

도시 농업 활성화

미국 농무부는 지역 주민 자신이 먹을 농산물을 직접 재배할 수 있도록 '커뮤니티 가든'으로 불리는 도시 농업 프로젝트를 적극적으로 지원하고 있어요. 덕분에 지역 주민은 나라가 소유한 땅에 농사를 지을 수 있게 됐지요. 주민이 먹을 농산물을 지역 내에서 직접 재배하면 신선 식품에 대한 접근성이 높아질 뿐 아니라, 지역 사회 구성원들이 서로 소통하고 협력할 수 있어요.

또 로컬 푸드(지역에서 생산된 먹거리) 생산량을 늘리면 다른 지역에서 비행기나 자동차로 농산물을 가져올 때 발생하는 탄소 배출이 줄어들어요. 많은 장점 때문에 미국 내 식품 사막 곳곳에서 도시 농업 프로젝트가 진행되고 있어요.

나쁜 성분 경고와 설탕세

많은 나라에서 초콜릿, 탄산음료 등에 설탕세를 부과하고 있어요.

칠레는 2012년부터 어린이를 대상으로 하는 정크 푸드 마케팅을 금지하고 있어요. 또한 일정 수준이 넘는 당, 나트륨, 지방, 열량을 지닌 식음료 제품 전면에 '위해 성분 경고 표시'를 부착하는 제도를 시행하고 있어요. 어쩔 수 없이 이런 제품을 먹게 되는 경우에도 선택을 주저하게 만들기 위해서예요. 그 결과, 세계 1위였던 칠레의 가당 음료 섭취량이 제도 시행 6개월 만에 60퍼센트 감소했어요. 또 노르웨이, 헝가리, 프랑스, 태국 등 40여 개 나라에서 정크 푸드에 세금을 부과하고 있어요. 미국 캘리포니아 버클리는 설탕이 들어간 음료에 세금을 부과해요. 설탕세 때문에 소비자는 이전보다 비싼 값에 음료를 사야 하지요. 설탕세를 부과한 후, 탄산음료 판매량은 약 10퍼센트 감소했고 생수 판매량은 약 16퍼센트 증가했어요. 영국도 설탕세 덕분에 초등학교 6학년 여자 어린이의 비만율이 8퍼센트 줄었어요.

3장

이동식 마트가 오는 날만 손꼽아 기다려요!

| 인구 고령화와 쇼핑 난민 |

노리코 할머니의
텅 빈 냉장고

신나는 직업 체험

도쿄에 살고 있는 미도리는 학교에서 '직업 체험' 과제를 받았어요.

"부모님 직업도 좋고 이웃이나 지인의 직업을 체험해도 좋아요. 적어도 서너 시간은 체험해야 하니까 내일은 학교에 오지 않아도 돼요. 보고서 제출도 잊지 말고요."

친구들은 학교에 오지 않아도 된다는 선생님 말씀에 좋아서 소리를 질렀어요. 하지만 곧 교실 여기저기에서 걱정 섞인 목소리가 들렸어요.

"어떤 직업을 체험해야 하지?"

"우리 아빠 직업은 재미없는데······."

미도리는 콧노래가 나왔어요. 미도리 아빠는 대형 마트에서 일하는

데, 새로 발령받은 스마트 마트가 미도리가 꿈꾸던 미래 도시 같았거든요. 이미 미도리는 아빠에게 마트 직원 체험을 하고 싶다고 얘기해 놓았어요.

"아빠가 일하는 곳에 입으면 힘이 세지는 근육 강화 점퍼가 있거든. 그 옷을 입고 물건을 정리하면 힘이 하나도 들지 않아. 마트 안에는 인공 지능 로봇도 여럿 있어. 물건이 얼마나 남아 있는지 확인한 뒤에 그 데이터를 컴퓨터로 보내 준단다."

"와, 대박!"

아빠 말을 들은 미도리는 직업 체험 과제가 아니어도 아빠가 다니는 마트에 꼭 가 보고 싶었어요.

미도리는 특히 고기를 파는 정육 코너에 관심이 많았어요. 삼겹살 비계 비율을 체크해서 포장하는 인공 지능 기계가 있다고 들었거든요. 그걸 꼭 보고 싶었어요.

미도리는 설레는 마음으로 아빠에게 말했어요.

"아빠, 내일 몇 시까지 마트로 갈까요?"

"아니야, 미도리. 아빠가 데리러 올 테니 집에서 기다리고 있어."

"버스 타고 혼자 갈 수 있는데……. 알겠어요. 대신 빨리 오세요."

다음 날, 미도리는 부푼 마음으로 집 앞에서 아빠를 기다리고 있었어요. 미도리 앞에 큰 트럭이 멈춰 섰어요. 놀란 미도리는 한 발짝 비켜 섰어요.

트럭이 마트라고?

"미도리, 어서 타라!"

트럭엔 아빠가 타고 있었어요.

"어? 아빠, 이게 뭐예요?"

"이 트럭은 이동식 마트란다. 오늘은 돌아다니면서 물건을 팔고 배달도 할 거야."

미도리는 실망스러웠어요. 트럭 앞에 우두커니 서서 손님을 기다리는 자기 모습을 상상하니 창피했어요. 무엇보다 최첨단 스마트 마트에 간다고 친구들에게 엄청 자랑했는데, 학교에 가서 뭐라고 말해야 하나 싶었어요.

"아빠, 이동식이면 아무 곳에나 가서 트럭을 주차하고 물건을 파는 거예요? 손님이 없으면 어떡해요?"

"미도리, 걱정하지 마. 다들 벌써 나와서 트럭 마트가 오길 기다리고 있을걸?"

"누가요? 사람들이 오늘 트럭 마트가 가는 걸 알고 있어요?"

"그럼! 너 혹시, 쇼핑 난민이라고 들어 봤니?"

'난민은 전쟁이나 재난으로 곤경에 빠진 사람들인데……. 쇼핑 난민은 뭐지?'

미도리는 처음 들어 보는 말에 고개를 갸우뚱했어요.

"집 근처에 상점이 없어서 멀리까지 가야 하는 어르신들이 계셔. 그런데 거동이 불편해서 대중교통을 타기 어렵고, 직접 자동차를 몰기도 쉽지 않지. 이렇게 물건을 쇼핑하는 데 어려움을 겪는 사람들을 쇼핑 난민이라고 부른단다."

아빠는 심각한 표정으로 설명해 주었어요.

미도리는 모든 것이 발전한 이 시대에 물건을 사지 못해 난민처럼 사는 사람들이 있다는 사실이 믿기지 않았어요.

아빠는 미도리에게 쇼핑 난민들이 주문한 물건 목록이라며 종이 몇

장을 건넸어요. 종이에는 쌀, 계란, 우유, 고등어, 휴지, 치약, 비누, 사과, 김, 고기 등이 적혀 있었어요. 미도리네 동네에서는 슬리퍼를 신고 나가면 근처에서 금방 살 수 있는 신선 식품과 생활용품이었어요.

'이런 생필품을 바로바로 구하지 못하면 불편해서 어떻게 살지?'

갑자기 미도리는 트럭 마트가 무척 필요하겠다는 생각이 들었어요. 그리고 오늘 직업 체험을 한 뒤에 친구들에게 우리가 몰랐던 문제에 대해 알려 줘야겠다고 결심했어요.

"아빠, 저 오늘 열심히 할게요!"

"그래, 동네에 편의점도 하나 없는 다마시 아파트부터 가자!"

트럭 마트를 기다리는 사람들

트럭 마트가 아파트 입구에 들어섰어요.

벤치와 화단에 앉아 있던 할아버지, 할머니 오십여 명이 반갑게 웃으며 일어났어요. 자원봉사자 조끼를 입은 언니, 오빠가 모시고 나온 분도 있었어요. 트럭을 세우며 아빠는 이 아파트에 주로 65세 이상 어르신들이 살고 있다고 말했어요.

트럭 마트가 완전히 멈춰 서자 모두가 박수를 쳤어요. 아빠 말처럼 정말 트럭 마트를 손꼽아 기다리고 있었나 봐요.

아빠가 서둘러 트럭 짐칸 뚜껑을 활짝 열었어요. 진열대에 다양한 물건이 빼곡한 모습이 정말 작은 마트 같았어요. 아빠는 주문한 물건이

적힌 종이를 미도리에게 건넸어요.

"미도리, 아빠는 물건을 팔 테니까 넌 종이에 적힌 순서대로 손님을 안내해 주겠니?"

미도리는 조금 긴장이 됐지만, 주문자 이름을 부르고 물건이 담긴 박스 쪽으로 모시고 갔어요.

"오늘은 예쁜 어린이 직원이 왔네. 덕분에 내일부터는 사과랑 삶은 계란을 먹을 수 있겠구나. 아침엔 그렇게 먹어야 속이 편하거든."

"트럭 마트가 아니었으면 오늘도 대충 때웠을 텐데……. 오늘 저녁엔 생선을 구워 먹어야지. 벌써 군침이 도는구나. 고맙다."

고맙다고 인사하는 할머니와 할아버지 모습에 미도리는 트럭 마트라고 실망한 자신이 부끄러웠어요. 이분들에겐 꼭 필요한 마트인데 말이에요. 그래서 미도리는 더욱 열심히 일했어요.

이제 마지막 주문자 차례가 됐어요.

"노리코 할머니! 노리코 할머니!"

아무리 불러도 할머니가 없었어요.

"여기요. 여기 있어요!"

멀리서 자원봉사자 언니의 다급한 목소리가 들렸어요. 언니는 전동차에 할머니 한 분을 태우고 다가왔어요.

"미안해요. 내가 다리 수술을 한 지 얼마 안 돼서 준비가 늦었다우."

아빠는 괜찮다고 말하며 노리코 할머니가 주문한 물건을 전동차에 실었어요.

"미도리, 시간이 좀 남았는데 노리코 할머니 댁에 따라가서 물건 정리 좀 도와드리고 오겠니?"

망설이는 미도리를 보며 아빠는 그렇게 하라는 듯 고개를 끄덕였어요. 미도리가 전동차를 신기해 하며 뒤에 타자, 자원봉사자 언니가 운전하며 말했어요.

"시에서 지원해 준 전동차야. 몸이 불편해서 먼 마트까지 못 가는 분들은 트럭 마트에서라도 식료품과 생필품을 사야 하니까 말이야. 우리가 집으로 갖다드려도 되지만, 전동차를 탈 수 있는 분들은 산책 삼아 모시고 나오고 있어."

노리코 할머니도 옆에서 거들었어요.

"맞아. 내가 트럭 마트 오는 날에나 콧바람을 쐬지. 이런 도움이 없었다면 장도 못 보고 제대로 챙겨 먹을 수도 없을 거야."

할머니 얼굴에 잠깐 쓸쓸함이 스쳤어요.

노리코 할머니 댁에 도착하자, 자원봉사자 언니는 새로 산 휴지와 비누 등을 정리하러 화장실로 들어갔어요. 미도리는 식료품을 냉장고에 넣기로 했어요. 그런데 놀랍게도 냉장고는 텅 비어 있었어요. 물건을 찾기 힘들 정도로 늘 가득 차 있는 미도리네 냉장고와 많이 달랐어요.

 미도리는 김과 낫토, 우유, 두부, 양배추, 계란 등을 냉장고에 차곡차곡 채웠어요. 장 본 물건을 모두 넣었는데도 냉장고는 반도 차지 않았어요. 하지만 옆에 앉아 계시던 노리코 할머니는 이렇게 채워 놓으니 안 먹어도 배가 부른 것 같다며 웃으셨어요. 가까운 곳에 마트가 없어서 식료품이 이만큼이라도 있어 든든하신 모양이었어요. 이제 미도리는 이분들을 왜 쇼핑 난민이라고 부르는지 정확히 알았어요.

미도리는 문득 주머니 속에 들어 있는 간식이 생각났어요. 마트에서 일하다가 배가 고프면 먹으려고 집에서 챙겼거든요. 미도리는 주머니에서 초코바 하나와 사탕 두 개를 꺼내 식탁 위에 놓았어요.

"할머니, 이거 심심할 때 드세요. 저는 집에 많아요."

할머니는 고맙다며 활짝 웃으셨어요.

노리코 할머니네 냉장고는 덜 찼지만, 할머니 미소에 미도리 마음은 뿌듯함으로 꽉 찼어요.

미도리는 할머니 댁에서 나오며 직업 체험 보고서에 식품 사막과 쇼핑 난민에 대해 꼭 써야겠다고 다짐했어요. 친구들 모두 생각해 봐야 할 문제니까요.

일본 노인 4명 중 1명은 '쇼핑 난민'

일본은 자동차 운행이 어렵고, 집에서 마트나 편의점, 백화점까지 거리가 500미터가 넘는 65세 이상 노인을 쇼핑 약자 혹은 쇼핑 난민이라고 불러요. 현재 일본의 고령 쇼핑 난민 인구는 904만 명으로 65세 이상 노인의 25.6퍼센트가 넘어요. 조사 집단을 75세 이상 노인으로 하면 31퍼센트로 더 높아져요.

일본 정부는 앞으로 인구 고령화가 더욱 진행되면서 쇼핑 난민도 점점 늘어날 것으로 예상하고 있어요. 쇼핑 난민이 생기는 가장 큰 원인은 식료품, 생필품 상점이 폐업하거나 버스, 전철 같은 대중교통이 없어졌기 때문이에요. 노화로 불편해진 몸으로 물건을 사러 먼 곳까지 걸어가기 어렵고, 사고 위험 때문에 자동차 운전 면허를 반납한 노인들은 먹거리와 물건을 사기가 막막해요. 그렇기 때문에 이동식 트럭 마트나 택배에 의지하는 노인들이 눈에 띄게 늘어나고 있어요. 쇼핑 난민은 교통이 열악한 농촌만의 문제가 아니에요. 놀랍게도 도쿄, 나고야, 오사카 같은 주요 대도시에서도 쇼핑 난민이 증가하고 있지요.

고급 슈퍼마켓은 그림의 떡

물건값이 비싼 고급 쇼핑몰 ⓒ 掏茶

일본 대도시에는 슈퍼마켓이 있는데 왜 쇼핑 난민이 있을까요? 도쿄의 미나토구 아자부, 다카나와 지역은 2000년부터 20여 개의 대형 부동산 개발 사업이 진행됐어요. 개발 지역과 가까운 곳에 고급 슈퍼마켓이 잇따라 들어왔고 저렴한 식료품점은 도시 외곽으로 밀려났어요. 어쩔 수 없이 이 지역 주민들은 고급 슈퍼마켓에서 장을 봐야 했는데,

물건값이 저렴한 식료품점보다 50퍼센트나 비쌌어요. 원래 그 지역에 살던 고령층은 수입이 없는 경우가 많아 고급 슈퍼마켓에서 식료품을 살 수 없었어요. 저렴한 식료품점은 거리가 너무 멀었고요. 그들은 쇼핑 난민이 될 수밖에 없었어요.

식품 사막 현상이 두드러지는 지방과 교외, 인구 감소 지역은 정부에서 대책을 세우고 있었지만, 고급 슈퍼마켓이 있다는 이유로 도심의 고령 쇼핑 난민은 방치되고 있었어요. 이제 일본 정부는 복지 사각 지대에 놓인 쇼핑 난민이 없도록 대도시 쇼핑 난민에게도 관심을 기울이고 있어요.

| 디지털 약자에게 너무 어려운 무인 식료품점

일본의 지방 도시에서 인구가 급격히 감소하며 폐업하는 식료품점이 많아지자, 편의점을 운영하는 기업들이 식료품과 생필품을 살 수 있는 무인 소형 점포를 열었어요. 직원 대신 키오스크 계산대가 설치된 무인 소형 점포는 식품 사막 문제를 해결할 대안으로 주목받았지만, 고령 쇼핑 난민들의 이용률은 생각보다 저조했어요. 고령자들에게 디지털 기기 사용이 어려웠기 때문이에요. 이 문제를 해결하기 위해 지방 자치 단체는 디지털 약자를 위한 교육 프로그램을 마련하고 있어요.

| 고령 쇼핑 난민의 건강 문제

늘어나는 고령 쇼핑 난민의 건강을 우려해 도쿄 대학교는 식품 사막에 사는 고령자를 대상으로 설문 조사를 했어요. 육류, 생선 등 10개 식품군을 얼마나 자주 먹는지 조사한 결과, 식품군 4개 미만을 섭취해 영양 상태가 나쁜 고령자가 59퍼센트에 달했어요. 다른 지역에 비해 1.8배나 높은 수치였어요. 고령자가 영양을 고르게 섭취하지 못하면 노인성 질환이 더 빨리 악화돼요. 또 신선 식품을 사러 외출하는 횟수가 줄어들면 집에 머무는 시간이 길어지면서 사회적으로 고립되게 돼요. 정신과 전문의는 타인과 단절되는 상황이 노인의 정신 건강에 좋지 않다고 말해요. 식품 사막 현상이 고령층의 신체 건강은 물론 마음까지 해치고 있어요.

| 식품 사막에서 찾은 오아시스 |
정부 보조금을 쏟아부은 이동식 마트

일본 정부는 앞으로 고령화가 심화되고 물가 상승이 지속돼 쇼핑 난민이 계속 늘어날 것으로 전망하고 있어요. 장보기 약자 문제가 고령층 사망률 증가와 직접적인 관련이 있다는 사실이 밝혀지면서 일본 정부는 적극적인 대책을 세우고 있어요. 그중 하나로 경제 산업성, 농림 수산성 등 정부 기관은 기업이 이동식 마트 서비스를 운영하도록 보조금을 지급하고 있어요. 현재 일본에서 운영하는 이동식 마트의 80퍼센트 정도가 정부 재정으로 운영돼요. 세븐일레븐 같은 대형 유통 기업도 적극적으로 정부 정책에 참여하고 있지요.

일본의 이동식 마트는 우리나라의 '찾아가는 마트'와 비슷해요. 쇼핑 난민을 위해 식료품을 실은 트럭이 각 지역으로 찾아가는 서비스예요. 이동식 마트 점주는 고객의 취향과 최근 구매한 상품을 반영해 물건을 준비한다고 해요. 이용 실태를 조사해 보니, 이동식 마트 고객은 지팡이나 손수레, 휠체어 등을 이용하는 몸이 불편한 고령자가 많았어요.

고령자의 쇼핑을 돕는 세발자전거 택시

일본의 자전거 택시 ⓒTarataco

도쿄 무사시무라야마는 쇼핑 난민이 많은 지역으로 알려져 있어요. 이곳에서는 고령자의 건강한 식생활을 위해 무료 셔틀 서비스를 운영하고 있어요. 전기 모터로 움직이는 세발자전거 택시가 고령자가 쇼핑할 수 있게 이동을 돕지요. 매월 약 200명의 고령자가 쇼핑뿐 아니라 병원 방문 등에도 무료 셔틀 서비스를 이용하고 있어요. 무료 셔틀 서비스 시행 후 많은 고령자가 멀리 있는 마트에 갈 용기를 냈다는 조사 결과가 나왔어요. 이 서비스가 쇼핑 난민 문제의 현실적인 해결책이라는 사실이 증명됐지요. 실제로 무료 셔틀 서비스는 고령 쇼핑 난민의 삶을 질적으로 향상시키고 있어요. 마트에 가려고 평소보다 조금 더 걸으며 활동하니 건강에 좋고, 필요한 식료품을 구할 수 있어 영양 관리에도 도움이 되지요.

드론과 로봇이 어디든 배달해 드립니다!

최근 일본은 드론과 로봇을 이용해 배달하는 실험을 했어요. 먼저 드론이 물건을 싣고 날아 약속된 장소로 가요. 약속 장소에는 작은 차량 모양의 로봇이 드론을 기다리고 있어요. 공중에 떠 있는 드론이 로봇의 짐칸에 물건을 떨어뜨려요. 로봇은 짐칸에 물건이 들어온 것을 확인한 후, 배달 장소로 출발해요. 목적지에 도착하면 로봇 스스로 물건을 내려놓아요.

이 실험은 인구 감소 지역에 무인 배송을 하기 위해 계획됐어요. 실험에서 드론과 로봇이 배달에 성공해 무인 배송 서비스가 큰 기대를 모으고 있어요.

마트에 갈 무료 버스가 필요해요!

| 교통 불평등과 식품 접근성 |

식품 사막
다섯 형제의 도전

밥값을 교통비로 써요

영국 북서부 외곽 샐퍼드에 살고 있는 올리버는 형이 셋, 동생이 하나 있어요. 올리버네 다섯 형제는 늘 복닥거리며 지내지요.

오늘도 핫도그 때문에 싸움이 벌어졌어요. 올리버가 냉동실 깊이 숨겨 둔 핫도그를 동생 레오가 찾아내 먹으려 했어요.

"내놔! 내가 먹으려고 아껴 둔 거라고!"

"먼저 먹는 사람이 주인이지, 메롱~."

엄마는 둘을 보며 바람이 빠지는 풍선처럼 길게 한숨을 쉬었어요. 올리버는 엄마 눈치를 보며 말했어요.

"엄마, 죄송해요. 너무 시끄럽죠?"

엄마는 시끄러워 그런 게 아니라, 사 놓는 족족 비어 버리는 냉장고가 걱정이라고 했어요. 엄마 말에 동생 레오는 입을 쭉 내밀고 볼멘소리를 했어요.

"그럼 많이 사면 되잖아요?"

올리버는 안 그래도 걱정이 많은 엄마가 더 속상할까 봐 눈치 없는 레오 다리를 꼬집으며 조용히 속삭였어요.

"레오, 우리 집 상황 몰라서 그래? 조용히 좀 해."

올리버네는 가정 형편이 좋지 않아요. 아빠는 혼자 다른 지역에서 살며 일하고 있고, 엄마는 아빠 월급을 쪼개고 쪼개 아껴 생활해요. 사실 아빠 직장은 대중교통이 있으면 집에서 출퇴근할 수 있는 거리지만, 교통편이 없어 가족들과 떨어져 살고 있어요.

동네가 식품 사막이라 올리버네는 더 힘들었어요. 동네에 식료품 상점이 없어 장을 보려면 다른 지역까지 가야 했지요. 50분쯤 걸리는 거리라서 걸어갈 수도 없었어요. 어찌어찌 걸어간다 해도 다섯 형제가 먹을 식료품을 사면 무거워 도저히 걸어서 돌아올 수 없었어요.

올리버네는 차가 없어 버스를 타고 가야 했는데 동네에서 다른 지역으로 가는 버스 노선이 많지 않았어요. 버스는 배차 간격도 정확하지 않은 데다 그나마도 드문드문 왔어요. 때문에 장을 보는 날은 장보기에 하루를 다 써야 했어요. 이런 사정은 동네 사람들 대부분이 비슷했어요.

"올리버, 오늘은 엄마랑 함께 마트에 가자."

올리버는 엄마가 웬일이지 하고 생각했어요. 평소에 엄마는 버스비를 아낀다고 장 볼 때 올리버 형제를 잘 데리고 가지 않았거든요.

"오늘은 살 게 좀 많구나. 같이 들고 올까?"

올리버는 이렇게라도 엄마를 도울 수 있어 좋았어요.

마트에서 올리버는 엄마 옆에 바짝 붙어 엄마가 고른 식재료를 카트에 담았어요. 엄마는 여기까지 온 김에 많이 사려고 하는지 시리얼, 우유, 햄, 바나나 등 물건을 많이 담았어요. 계산을 마치고 보니 도저히 버스를 탈 수 있는 짐이 아니었어요.

엄마는 한참을 망설이다가 택시를 잡아탔어요.

"이 택시비면 너희들 먹일 우유, 바나나, 치즈를 더 많이 살 수 있는데……. 두 끼는 풍족하게 먹을 텐데 말이다."

한숨을 쉬며 말하는 엄마 마음을 아는지 모르는지 택시 기사 아저씨는 큰 소리로 투덜거렸어요.

"아줌마, 샐퍼드는 한번 들어가면 백발백중 빈 차로 나오는 곳인데, 내가 큰맘 먹고 가는 거예요. 택시비 많이 나왔다고 원망하지 말아요."

아저씨 말에 엄마는 씁쓸하게 웃었어요.

불편함이 아니라 불평등

사회 수업 시간. 오늘따라 올리버는 선생님 말이 귀에 들어오지 않았어요. 대신 '택시비가 우리 밥값'이라는 엄마 말이 자꾸만 떠올랐어요. 먹을 것을 사 오는데 택시비 때문에 밥값을 날려야 하다니 뭐가 잘못되어도 한참 잘못된 것 같았어요. 올리버는 조금 화가 났어요.

"올리버! 무슨 생각에 그렇게 빠져 있니? 방금 인간에게 필요한 세 가지 의식주에 대해 말했는데, 한번 설명해 볼래?"

올리버는 자기 고민을 선생님께 물어봐야겠다고 생각했어요.

"선생님! 의식주가 입을 옷, 먹을 음식, 살 집이라고 말씀하셨잖아요. 저는 거기에 하나 더 추가되어야 한다고 생각해요."

"설마, 게임을 할 수 있는 스마트폰?"

누군가의 말에 아이들이 와하하 웃었어요. 선생님은 올리버에게 계속 말해 보라며 손짓했어요.

"인간이 제대로 살아가려면 의식주에 교통도 넣어야 해요. 버스랑 지하철이 잘 안 다니면 입을 옷도, 먹을 음식도 못 사잖아요. 교통이 불편하니까 포기해야 하는 게 너무 많아요."

올리버의 말에 선생님은 아이들을 향해 말했어요.

"올리버, 좋은 지적이구나. 선생님도 생각하고 있던 문제야. 여러분, 교통이 불편해서 못 하거나 포기한 일이 있나요?"

"저는 지난 방학에 시내에서 춤을 배우고 싶었는데 버스 시간이 맞지 않아 포기했어요."

케이티가 쭈뼛거리며 말하자, 아이들이 너도나도 손을 들었어요.

"저희 삼촌은 다른 지역에 일자리가 있었는데 오고 갈 교통편이 없어 포기했어요."

"어제 엄마 생일이었는데 버스를 놓쳐서 마트에 못 갔어요. 엄마가 좋아하는 오렌지를 꼭 사 드리고 싶었는데……."

선생님은 아이들 말이 끝났는데도 한참 동안 창밖을 바라봤어요. 그리고 이내 힘겹게 입을 뗐어요.

"여러분이 겪고 있는 불편함은 어쩌면 불평등일지 몰라요."

불평등! 올리버는 학교에서 배운 평등이란 말을 떠올렸어요. 평등은 신분, 성별, 재산, 인종에 상관없이 인간이 가지는 권리, 기회, 의무가 모두 고르다는 뜻이에요.

올리버는 우리 지역 사람들은 왜 불평등하게 살아야 하는지 궁금해졌어요.

선생님은 계속 말을 이었어요.

"가난한 외곽 지역이기 때문에 마트가 들어오지 않고, 인구가 적은 지역이라고 교통 시설을 제대로 만들지 않는 일, 모두 불평등이에요. 불편한 교통 때문에 교육받을 기회, 일할 수 있는 기회, 식료품을 살 기회를 잃었으니까요."

선생님은 교통 불평등 때문에 생길 수 있는 문제에 대해 생각해 보자고 했어요.

올리버는 손을 들고 더듬더듬 말했어요.

"배우고 싶었던 것을 배울 수 없었으니까 교육 문제도 있고요. 일자리를 놓쳤으니까 돈도 벌 수 없어요. 또 마트에 가서 신선한 식재료를 사 먹어야 하는데 그렇게 하기 힘드니까 건강도 잃을 수 있어요."

말하고 보니 교통 불평등은 정말 심각한 문제라는 생각이 들었어요. 선생님은 불평등과 맞서 싸운 사람들의 이야기를 덧붙이며 수업을 끝냈어요.

'정말 중요한 문제네. 그런데 고작 열두 살인 내가 뭘 할 수 있겠어?'

올리버는 한숨이 나왔어요. 가슴이 더 답답해졌어요.

다섯 형제에게 건강한 한 끼를!

그날 저녁 식사 시간이었어요. 큰형 듀기가 눈으로 슬쩍 식탁 위에 놓인 바나나 개수를 세더니 말했어요.

"엄마, 저는 바나나 안 먹을래요. 오늘 점심 급식에 바나나가 나와서 질려요."

형은 바나나가 다섯 개뿐이라 엄마가 못 먹을까 봐 그러는 눈치였어요. 올리버는 자기 바나나를 떼어 형 접시에 놓으며 아주 작게 말했어요.

"형, 학교에서 바나나 안 나왔지?"

"엄마한테는 말하지 마. 괜히 걱정하시니까."

"누굴 바보로 알아?"

올리버는 퉁명스럽게 말하고는 곰곰이 생각했어요.

'마트에서 택시를 타고 오지 않았으면 형도 바나나를 먹을 수 있을 텐데……. 선생님이 불평등에 맞서 권리를 주장하고 평등을 이뤄 낸 사람들이 많다고 했는데, 정말 내가 할 수 있는 일이 없을까?'

올리버는 뭐라도 해 보고 싶었어요. 다섯 형제가 머리를 맞대면 뭔가 좋은 의견이 나올 것 같았어요.

식사를 마치고 엄마가 방에 들어가자마자 올리버가 말을 꺼냈어요.

"형, 계속 그렇게 조금만 먹을 생각은 아니지?"

듀기 형은 그게 무슨 말이냐며 쳐다봤어요.

"방법을 같이 찾아보자. 우리 동네는 식료품을 살 수 있는 가게도 없고 먼 마트에 갈 교통편도 부족해. 지하철도 없고 버스는 하루에 한두 번 들어올까 말까 하지. 어떻게 해야 할까? 계속 식료품을 사지 못해 형처럼 먹고 싶어도 못 먹고, 조금 먹거나 굶어야 할까?"

울분이 섞인 올리버의 말에 모두 심각한 표정이 됐어요. 듀기 형이 체념 섞인 목소리로 말했어요.

"우리가 뭘 어떻게 할 수 있는데? 뭘 할 수나 있겠어?"

그 때 동생 레오가 소리쳤어요.

"나한테 좋은 생각이 있는데 말해 볼까? 대신 쓸데없는 소리 한다고 하기 없기!"

레오가 뜸을 들이자 형제들은 애가 탔어요.

"알았어, 레오. 진지하게 들을게, 어서 말해 봐."

"지난번에 내 친구 윌리엄이 브라우니 과자를 선물 받고 좋아하는 모습을 개 누나가 소셜 미디어에 올렸대. 꽤 많은 사람이 그 영상을 봤는데, 어느 날 과자 회사에서 선물로 브라우니를 다섯 박스나 보내 줬대."

둘째 형 크리스가 역시 쓸데없는 소리였구나 하는 표정을 지으며 말했어요.

"야, 레오. 브라우니가 마트에 갈 교통편이 없어서 고민하는 우리랑 무슨 상관이야?"

레오 말을 찬찬히 되새겨 보던 올리버는 형을 말렸어요. 정말 좋은 생각 같았거든요.

"아니야, 레오 말이 맞아. 먼저 식품 사막에 사는 우리 상황을 많은 사람에게 알려야 해."

큰형 듀기도 거들었어요.

"그래, 뭐라도 해 보자! 우리도 소셜 미디어에 올려 보자. 그림을 그리고 우리가 하고 싶은 말을 적어서 영상을 찍는 거야! 어때?"

듀기 형은 좋은 의견을 냈다는 듯 레오 머리를 쓰다듬었어요. 레오는 어깨를 으쓱하며 우쭐했어요.

다섯 형제는 종이를 가져와 각자 그림을 그리고 하고 싶은 말을 적었어요. 레오는 큰 버스에 다섯 형제가 타고 있는 그림을 그렸어요.

형제들은 그림을 들고 노래를 부르며 춤도 췄어요.

"마트에 갈 버스가 필요해요! 부릉부릉!

먹을 것을 사러 갈 무료 버스!

식품 사막에서 평등하게 사 먹을 권리!

함께 타면 탄소 발자국도 줄일 수 있어요!

우리에게 버스를, 신선 식품을 살 기회를 주세요!"

소셜 미디어에 올린 다섯 형제의 영상은 처음에는 별 반응이 없었어요. 하지만 며칠 뒤부터 점점 조회 수가 늘어났어요. 영상은 '식품 사막 다섯 형제의 무료 버스'라는 제목으로, 다양한 해시태그가 붙어 빠르게 퍼져 나갔어요.

#식품사막다섯형제무료버스 #교통불평등건강불평등 #다섯형제에게건강한한끼를 #식품사막무료버스

다섯 형제는 오랜만에 싸우지 않고 서로 손을 꼭 붙잡았어요. 제발 교통 문제가 해결되길 기도했어요. 많이 먹으려는 욕심도 아닌, 건강한 한 끼를 모자라지 않게 먹고 싶은 자신들의 바람이 이루어지길 기도했어요.

마트가 왜 없어질까요?

식품 사막과 교통 불평등은 밀접한 관계가 있어요.

식품 사막이 생기는 가장 큰 원인은 식료품을 파는 마트가 없어지거나 생기지 않기 때문이에요. 2011년 미국은 건강한 식습관 형성 캠페인을 벌이는 한편 전국의 식품 사막에 마트 1,500개를 세우는 정책을 펼쳤어요. 식품 사막에 점포를 열면 보조금이나 세금 혜택을 주어 여러 기업이 참여했지만 성과는 좋지 않았어요. 저소득층 지역에 들어선 마트 상당수가 경영 효율성을 이유로 문을 닫았어요. 저소득층의 소비 여력(소비자의 재정적 여유)이 낮아 마트의 수익이 나지 않았기 때문이에요. 저소득층의 소비 여력이 커지면 더할 나위 없이 좋겠지만, 경제학자들은 현실적으로 불가능하거나 오래 걸릴 거라고 말해요. 그들은 대중교통 문제를 식품 사막 지역을 위해 해결해야 할 더 시급한 일로 꼽아요.

교통 불평등은 기회를 놓치게 만드는 장벽

도시 외곽에 위치한 저소득층 밀집 지역은 대부분 대중교통 상황이 열악해요. 지하철이나 버스가 없는 곳도 많고, 간혹 버스가 있더라도 하루에 고작 한두 번 운행돼요. 또 버스를 타려면 정류장까지 꽤 먼 거리를 걸어야 하기도 해요. 자동차가 없는 저소득층에게 교통 불평등은 많은 기회를 놓치게 만드는 장벽이에요.

먼저, 교통 불평등은 건강한 몸을 만드는 신선한 식재료를 살 기회를 빼앗아요. 마땅한 교통편이 없어서 식료품 상점에 가지 못하면 패스트푸드나 냉동식품으로 끼니를 때우게 돼요. 불균형한 영양 섭취가 지속되면 건강이 나빠질 수밖에 없어요. 또 교통 불평등은 사회 활동 기회와 교육받을 기회를 빼앗아요. 교통편이 부족한 사람은 멀리 있는 일자리를 포기할 수밖에 없고, 다양한 교육 프로그램에도 참여할 수 없어요. 더 나은 삶으로 가는 기회를 놓치게 되지요.

복지 전문가들은 건강하지 않으면 의료비가 많이 들기 때문에 경제적으로 어려워지고, 일하고 배우지 않으면 삶의 질이 계속 떨어질 수밖에 없다고 말해요. 그래서 저소득층 거주 지역의 대중교통을 개선하고 교통 불평등을 해소하는 일은 아주 중요해요. 교통은 저소득층이 어려운 형편을 벗어날 수 있는 기회를 돕고 지역 격차를 줄이는 방법이니까요. 실제로 콜롬비아의 메데진은 대중교통 시설 개선으로 교육, 일자리, 의료, 신선 식품의 접근성을 높였어요. 그 결과, 13년 만에 빈곤율이 36퍼센트에서 14퍼센트로 감소했어요.

식품 접근성, 누구나 건강한 음식을 섭취할 권리

교통 시설을 개선한 후 식품 사막 거주자의 생활이 전반적으로 향상됐다는 결과가 나오면서 식품 사막 교통 문제에 대한 인식이 높아졌어요. 교통이 지역 간의 생활 격차를 줄일 수 있는 열쇠라는 사실이 증명됐기 때문이에요. 이에 정부 담당자와 도시 계획 전문가, 식품 사막 연구자는 교통 불평등 해소를 위해 다양한 해결책을 논의하고 있어요. 버스 노선을 늘리고, 지하철을 새로 만들고, 무료 혹은 저렴한 공공 교통수단을 만들고, 교통비를 할인하는 정책 등을 검토하고 있지요.

사실 버스 노선을 늘리고 지하철을 만드는 일은 돈이 많이 들어요. 하지만 식품 사막 문제가 심각해지면서 경제성을 따지기보다 복지, 즉 행복한 삶에 초점을 맞춰야 한다는 목소리가 커지고 있어요. '새로 생길 대중교통을 이용할 사람이 몇 명이나 될까?'보다 '새로 생길 대중교통이 교통 불평등을 해소할 수 있을까?'를 고민해야 한다는 주장이지요.

신선 식품에 접근하기 어렵게 하는 장벽, 교통 불평등이 해소돼 건강한 음식을 섭취할 권리를 누리는 일! 이것이 식품 사막에 사는 사람들에게 가장 시급하니까요.

| 식품 사막에서 찾은 오아시스 |
교통비 부담을 줄여 드립니다!

대중교통을 늘리는 일은 시간이 오래 걸려요. 당장 오늘 먹을 식료품을 사야 하는 식품 사막 주민에게 즉각적인 효과가 있는 방법은 바로 교통비 할인이에요.

미국 일리노이는 최하위 저소득층을 대상으로 대중교통 무임승차를 허용했어요. 이로 인한 금전적 손해는 발생하겠지만 저소득층이 식료품 구매와 교육, 사회생활을 원활히 할 수 있도록 정책 시행을 결정했지요. 영국은 전국에 퍼진 식품 사막 지역의 식품 공급 문제를 해결하기 위해 저소득층 임산부와 4세 미만 유아에게 건강 바우처를 제공하고 있어요. 바우처는 정부가 대신 비용을 내는 일종의 티켓인데, 영국의 건강 바우처로는 과일, 채소, 우유만 구매할 수 있어요. 영국 정부는 임산부와 유아가 건강한 식품을 먹도록 유도하고 있지요.

| 크라우드 펀딩으로 돈을 모아요

교통비 할인은 저소득층의 생활에 도움이 돼요.

시민 단체에서도 저소득층 교통비 지원에 적극적으로 참여하고 있어요. 일부 단체는 크라우드 펀딩(웹사이트나 소셜 네트워크 서비스 등을 통해 다수로부터 자금을 모으는 행위)을 통해 마련한 돈으로 무료 버스를 제공하고, 농산물을 저렴하게 살 수 있게 지원해요. 또 몹시 가난한 사람이 많은 동네에는 길거리에 식료품을 채운 냉장고를 두고 무상으로 가져가도록 하고 있어요. 많은 사람들이 저소득층이 겪는 교통 불평등 문제에 공감하고 있을 뿐 아니라, 크라우드 펀딩에 기꺼이 동참하기 때문에 가능한 일이지요.

과일과 야채를 실은 그린 카트

뉴욕 빈민가 할렘에 있는 그린 카트 ⓒ Paul Sableman

뉴욕시가 식품 사막 지역에 설문 조사를 한 결과 응답자의 90퍼센트가 하루에 필요한 과일과 야채를 섭취하지 못하는 것으로 나타났어요. 그 이유는 식료품점이 가까이에 없고, 다른 지역 마트에 가도 가격 때문에 과일과 야채를 사 먹지 못하기 때문이라고 답했어요. 뉴욕시는 식품 사막 지역의 심각한 영양 불균형을 깨닫고 신선 식품을 쉽게 접할 수 있는 환경을 만들어야겠다고 생각했어요. 뉴욕시는 '그린 카트' 허가증 1,000개를 발급해 상인들이 길거리의 카트에서 과일과 채소를 팔게 했어요. 또 그린 카트를 적절한 장소에 배치해 주민들이 가까이에서 신선 식품을 살 수 있도록 도왔어요. 현재 뉴욕시의 식품 사막 거주자 75만 명이 그린 카트를 이용하고 있어요. 캐나다 토론토는 식품 사막 지역에서 정기적으로 식품 시장을 열어요. 버스와 트럭을 개조한 이동식 시장에서 과일, 야채, 콩, 우유 같은 식료품을 식품 사막 지역 주민에게 저렴하게 판매하고 있어요.

교통 소외 지역을 달리는 공공 택시

교통 격차에서 오는 불평등은 우리나라 농촌의 식품 사막에서도 일어나고 있어요. 농촌에서는 버스 운행 횟수가 보통 하루에 2번 이하로 적어요. 버스 운수업은 수요와 공급의 시장 원리로 운영되기 때문에, 버스 회사는 이용하는 사람이 적으면 운행 횟수를 줄여요. 인구 감소와 고령화로 이용객이 현저히 줄어든 농촌은 버스가 잘 다니지 않아 주민들은 식료품을 사는 데 어려움을 겪고 있어요. 정부는 문제를 해결할 방법을 고심하다가 행복 택시를 만들었어요. 행복 택시는 버스가 잘 다니지 않는 곳에 사는 사람들이 부를 수 있는 공공 택시예요. 행복 택시는 대중교통을 탈 수 있는 곳까지 이용객을 태워 주고 천 원만 받아요. 나머지 비용은 지방 자치 단체에서 택시 회사에 지불하지요. 2012년 충남 아산시에서 시작된 행복 택시는 계속 늘어나 현재 전국 80여 개 군에서 시행되고 있어요.

5장

흑인도 건강할 권리가 있어요!

| 흑인 차별과 식량 불안 |

흑인은 일찍 죽어도 괜찮나요?

페기 아줌마의 죽음

앤드류와 케빈은 흑인 쌍둥이 형제예요. 미국 볼티모어의 빈민가에 살고 있어요. 이곳은 사는 사람 대부분이 흑인이라 흑인 빈민가라고 불려요.

그러거나 말거나 앤드류와 케빈은 하루하루가 즐거운 평범한 열두 살 소년들이에요. 동네에서 가장 개구쟁이로 통하는 둘은 축구를 좋아하고, 늦잠 잘 때가 제일 행복했어요.

그날도 쌍둥이는 늦잠을 자고 있었어요.

"앤드류, 케빈. 어서 일어나라."

평소 같으면 간지럼을 태우며 깨울 텐데 엄마 목소리가 착 가라앉아 있었어요. 평소와 다른 분위기에 이상함을 느낀 쌍둥이는 얼른 일어났어요.

엄마는 검은 옷을 입고 있었어요.

"엄마, 무슨 일 있어요?"

"너희도 어서 검은 옷으로 갈아입고 나오렴. 페기가 어젯밤 하늘나라로 갔단다."

앤드류와 케빈은 큰 충격을 받았어요. 엄마 친구, 페기 아줌마는 뚱뚱하긴 했지만 사십 대에다 건강해 보였거든요.

"페기 아줌마가 원래 아프셨어요?"

"그래, 게다가 얼마 전부터 몸 상태가 급격하게 나빠졌어. 장례식에 가려면 어서 서두르자."

"사랑스러운 페기가 우리 곁에 잠들었습니다. 헌화하고 고인을 추억합시다."

목사님 말씀이 끝나자마자 엄마가 일어나 꽃을 들었어요. 앤드류와 케빈도 엄마를 따라 페기 아줌마가 잠들어 있는 관 위에 꽃을 올려놓았어요.

동네 어른들은 삼삼오오 모여 페기 아줌마에 관한 이야기를 했어요.

"당뇨 때문에 생긴 병이라지? 당뇨 합병증에는 음식 조절이 중요한데……. 가까이에 마트가 없으니 제대로 챙겨 먹을 수나 있었겠어?"

엄마는 슬픈 표정으로 말했어요.

"맞아요. 아픈 몸 때문에 멀리 가서 장 보는 일은 엄두도 못 냈을 거예요. 근처에 마트만 있었어도 신선한 식재료를 사서 건강하게 먹었을 텐데……. 그럼 더 오래 살지 않았을까요?"

"그러게. 뉴스를 보니까 마트 회사가 흑인이 자주 폭동을 일으킨다고 흑인 빈민가에서 점포를 철수시키고, 새 점포도 내지 않는다고 하더라고. 앞으로도 우리 동네에 마트가 들어오긴 어렵겠어."

"그럼 우리 흑인은 꼼짝없이 식품 사막에서 살아야 하나요? 뉴스를 보니까 흑인이 많이 사는 지역은 대부분 식품 사막이고, 식품 사막 주민은 다른 지역 주민보다 기대 수명도 짧던데요? 흑인이 죄인도 아니고 억울해요, 진짜!"

어른들 얘기를 듣던 앤드류와 케빈은 머리가 띵했어요. 앤드류는 케빈을 끌고 교회 밖으로 나왔어요.

"케빈, 페기 아줌마가 이 동네에 사는 흑인이라 더 일찍 돌아가신 거 같지?"

"응, 흑인이 많은 지역이라 마트가 없어서 건강을 챙길 수 없었다고 하잖아."

흑인 빈민가. 앤드류와 케빈은 처음으로 이 말에 대해 생각해 봤어요. 어쩐지 죽음과 더 가깝다는 말로 여겨졌어요. 내리쬐는 햇살이 오늘따라 더 뜨겁게 느껴졌어요.

흑인이 다 범죄자는 아니잖아요?

장례식에 다녀온 엄마, 아빠는 밤새 한숨도 못 자는 것 같았어요. 방에서 쉴 새 없이 얘기하는 소리가 들렸어요. 그 소리에 앤드류와 케빈도 잠을 설쳤어요.

다음 날 아침, 식사 시간에 부모님은 쌍둥이에게 말했어요. 진지하게 들어 달라고 부탁까지 하면서요.

"엄마, 아빠가 페기의 죽음을 보고 느낀 게 많아. 지난번 브래드 아저씨가 돌아가셨을 때부터 생각하고 있었는데, 이제 더 이상 미룰 수 없다는 생각이 드는구나. 우리는 이제 너희에게 건강을 해치는 가공식품과 정크 푸드를 주지 않을 생각이야."

"예? 옥수수 통조림, 피자, 햄버거, 탄산음료, 이런 음식을 이제 못 먹는다고요?"

앤드류와 케빈은 깜짝 놀랐어요.

"그래. 페기와 브래드 아저씨가 병든 이유가 그런 음식을 많이 먹었기 때문이라는 생각을 떨칠 수가 없구나. 신선 식품을 파는 곳이 가까이에 없고, 먼 마트에 가도 생활비 때문에 넉넉히 사지는 못하겠지. 하지만 최대한 건강한 음식을 준비할 테니 너희도 노력해 다오. 건강을 잃으면 모두 잃는 거잖니?"

아빠 얘기에 늘 피자나 햄버거로 식사하던 페기 아줌마 얼굴이 떠올랐어요. 앤드류가 물었어요.

"알겠어요. 그런데 식료품을 어떻게 사려고요?"

"우선 정부에서 저소득층에게 식비를 지원하는 푸드 스탬프(SNAP, 영양 보충 지원 프로그램)를 활용해서 사려고."

"어디서요? 동네에 마트도 없잖아요?"

"장은 식료품이 비교적 저렴한 할인 매장에서 볼 예정이다."

"거기까지 가려면 50분은 걸어야 하잖아요? 차도 없고……."

"엄마, 아빠가 걸어서라도 다녀올 테니 그건 걱정하지 말고 잘 먹어 주렴."

앤드류는 먼 곳까지 걸어가겠다는 엄마 말이 마음에 걸렸어요. 그래서 케빈과 작전을 짰어요.

"케빈, 이제부터 귀를 쫑긋 세우고 다니자. 누구라도 마트에 간다는 사람이 있으면 엄마에게 잽싸게 알리는 거야, 어때?"

"오호, 그거 좋은 생각이다!"

앤드류와 케빈은 축구를 하러 가는 길에 우연히 제시 아줌마가 마트에 간다는 얘기를 들었어요. 둘은 집으로 달려갔어요.

"엄마, 엄마! 제시 아줌마가 마트에 간대요."

엄마는 바로 뛰어나가 제시 아줌마의 차를 얻어 타고 식료품을 사 왔어요.

양상추와 호박, 토마토, 칠면조 슬라이스, 계란, 요구르트……. 거창한 음식은 아니지만 온 가족이 둘러앉아 건강한 음식을 먹으니 기분이 좋았어요.

"우리 동네에도 마트가 들어오면 좋겠어요. 그럼 엄마가 차를 얻어 타지 않아도 되잖아요."

앤드류 말에 케빈이 갑자기 생각난 듯 물었어요.

"아빠, 아까 집에 오다가 피켓을 들고 시위하는 사람들을 봤어요. 우

리 지역에 마트가 들어오게 해 달라는 얘기였어요. 볼티모어시에서 직접 마트 회사에 강력하게 요청해야 한다고 쓰여 있었어요."

"그렇게 되면 얼마나 좋겠니? 이미 시에서 식품 사막 실태를 조사하고 다방면으로 애쓰고 있지만 마트 회사를 설득하는 일이 쉽지 않은 모양이더라."

"왜요?"

"마트 회사에서 치안을 문제 삼아 흑인 지역에 마트를 세우려 하지 않는대."

"나쁜 사람들이 폭동을 일으키고 마트에서 물건을 훔치기 때문에요?"

"그래. 마트 회사는 가난한 흑인 지역은 물건이 많이 팔리지 않아 적자인 데다, 범죄까지 일어나니 마트를 세워 봤자 이익이 안 된다고 생각하는 거지."

아빠 말에 케빈이 갑자기 소리쳤어요.

"차별이에요. 흑인에 대한 차별!"

"맞아요. 범죄를 저지르는 흑인은 아주 일부인데 모든 흑인을 범죄자라고 생각하잖아요. 편견 때문에 흑인은 가까운 마트가 없어 신선한 식재료를 살 수도 없고요. 진짜 차별이에요. 흑인에게도 건강하게 살 권리가 있는데……."

억울해 하는 앤드류 어깨를 쓰다듬으며 엄마가 말했어요.

"앤드류, 시에서도 노력하고 있으니 곧 좋은 소식이 있겠지. 우리는 건강하게 살 권리를 위해 마련된 기회를 이용하면서 기다려 보자."

"혹시 그 기회가 이거예요?"

케빈이 엄마 말에 껴들었어요.

"방학 때 굶는 아이들을 위해 내일 도서관에 급식 자원봉사자들이 온대요."

엄마는 맞다며 고개를 끄덕였어요. 앤드류가 금세 밝아진 얼굴로 말했어요.

"도서관에서 주는 도시락엔 과일도 많이 들어 있는데……."

"그러니까 내일 일찍 일어나라고. 안 일어나면 나 먼저 가 버린다!"

케빈이 앤드류 어깨를 툭 치며 말했어요.

건강할 권리를 스스로 찾는 법

다음 날 도서관. 이른 아침부터 아이들이 몰려들었어요. 무료 급식을 받으러 온 아이들은 서로 먼저 들어가겠다고 야단법석이었어요.

"내가 먼저 왔어. 저리 비켜!"

"내 자리야. 왜 새치기해?"

"잠깐 화장실에 다녀왔다고!"

자원봉사자 형이 아이들을 말리며 말했어요.

"애들아, 도시락이 충분하니까 다 받을 수 있어. 걱정하지 마. 너희들 아침도 안 먹었지? 싸우지 않아야 더 빨리 도시락을 받을 수 있으니 조금만 얌전히 기다려 주겠니?"

아이들이 갑자기 순한 양처럼 조용해졌어요.

자원봉사자 형은 하루 동안 섭취해야 할 영양소에 대해 설명하면서 도시락을 나눠 줬어요.

앤드류와 케빈이 받은 도시락에는 베이글, 치킨 샐러드, 사과, 스트링 치즈, 주스가 들어 있었어요. 둘은 먹고 싶은 마음을 꾹 참고 사과와 스트링 치즈를 얼른 주머니에 넣었어요. 엄마, 아빠랑 같이 먹으려고요. 집에 있는 토마토와 함께 빵에 넣으면 저녁 한 끼가 될 거 같았어요.

집으로 돌아가니, 아빠는 동네에 건강 가게가 생겼다며 나갈 채비를 하고 있었어요.

"볼티모어시에서 작은 가게 몇 곳을 건강 가게로 만들었대서 지금 가 보려고."

"건강 가게요? 신선 식품을 파는 곳인가요?"

"그래, 콩, 야채, 토마토 같은 신선 식품을 파는 가게에 시에서 냉장고와 진열대를 무료로 지원해 준다고 했대."

"그럼 뭐가 좋은데요?"

"가게는 냉장고 살 돈을 절약하게 되니 식료품을 저렴하게 팔 수 있지. 그럼 우리처럼 형편이 어려운 사람도 사 먹을 수 있고."

앤드류와 케빈은 건강 가게가 궁금해 아빠를 따라 나섰어요.

건강 가게에는 말린 완두, 강낭콩 등 다양한 콩과 사장 아줌마가 직접 만든 수프가 있었어요. 또 고추, 오이, 호박도 있었는데 아주 싱싱해 보였어요. 아빠 말처럼 가격도 저렴했고요. 사장 아줌마는 이것저것 둘러보는 쌍둥이에게 오이 몇 개를 선물하며 말했어요.

"아줌마가 싱싱한 야채를 열심히 가져다 놓을 테니 친구들에게 많이 알려 줄래?"

쌍둥이는 고개를 끄덕이며 오이를 넙죽 받아 들었어요.

건강 가게에서 나온 앤드류와 케빈은 주변을 둘러봤어요. 창문이 깨진 편의점, 불타 버린 전당포, 담배 가게와 패스트푸드점······.

오늘따라 동네 분위기가 더 어둡고 어수선해 보였어요. 쌍둥이는 애써 눈을 돌려 다시 건강 가게를 봤어요. 사장 아줌마가 현수막을 내걸고 있었어요.

"건강 사세요. 싸게 드립니다!"

앤드류와 케빈은 현수막에 적힌 문구를 동시에 읽고 마주 보며 웃었어요. 사막 같은 흑인 빈민가에 작은 희망이 꽃피는 기분이 들었어요.

식품 사막과 겹치는 흑인 거주 지역

볼티모어는 미국에서 시 정부로는 처음으로 '식품 사막'의 개념을 규정하고 실태를 조사한 곳이에요. 볼티모어는 식품 사막은 지리적으로 식료품점이 멀고 주민들이 자동차가 없어 이동성이 떨어지는 데다 빈곤까지 겹쳐, 건강한 음식에 접근하지 못하는 현상을 가리킨다고 정의했어요. 시에서 발행한 보고서에 따르면 볼티모어 인구 62만 명 가운데 4분의 1가량이 식품 사막에 산다고 해요. 또, 도시 곳곳에 퍼져 있는 식품 사막이 주로 흑인 거주 지역과 겹쳐 있었어요. 많은 도시에서 식품 사막이 나타나지만 흑인들이 식품 사막의 고통을 더 겪고 있다는 의미지요. 이 때문에 식품 사막의 또 다른 이름이 '식품 흑인 차별'이라고 얘기하는 사람도 있어요. 흑인들이 사는 식품 사막을 두고 토마토보다 총을 더 구하기 쉬운 지역이라고 조롱하는 사람도 있으니까요.

식품 사막에 숨어 있는 흑인 차별과 혐오

미국에서는 흑인을 범죄자로 보는 시선이 많아요.

미국 인권 운동가들은 흑인에 대한 차별이 생각보다 훨씬 심각하며, 식품 사막 문제에서도 차별이 여실히 드러난다고 말해요. 이들은 대형 마트를 운영하는 회사가 이익이 나지 않는다는 이유를 들어 흑인 지역에 신규 점포를 내지 않거나 기존 점포를 폐점시켰지만, 실제로는 흑인이 폭동을 일으키고 도둑질 같은 범죄를 저지른다는 인식을 갖고 있기 때문이라고 해요. 범죄를 저지르는 흑인은 일부지만, 흑인 전체를 잠재적인 범죄자로 보고 있다는 얘기지요. 흑인에 대한 편견과 차별 때문에 흑인 거주 지역이 식품 사막이 된다고 분석하는 사람이 많아요.

흑인 차별과 혐오가 흑인이 건강하게 살 권리를 빼앗고 있어요. 신선 식품을 접하기 어려운 흑인은 정크 푸드에 의존하거나 충분한 영양을 섭취하지 못해 건강이 나빠져요. 결국에는 다른 인종과의 건강 격차가 커지게 되지요. 볼티모어처럼 식품 사막 문제가 심각한 곳은 식품 사막에 사는 흑인과 식품 사막이 아닌 곳에 사는 주민의 기대 수명 차이가 최대 20~30년이나 돼요. 식품 사막 주민은 비만, 고혈압, 당뇨병으로 인한 합병증으로 사망하는 경우가 많아요.

| 흑인의 건강권

건강권은 말 그대로 건강하게 살 권리예요. 세계 보건 기구(WHO) 헌장에는 "모든 사람은 식량, 의복, 주택, 의료 및 필요한 사회적 지원을 포함하여 자신과 가족의 건강과 안녕에 적합한 생활 수준을 누릴 권리를 갖는다."라고 적혀 있어요. 또한 건강권은 인종, 종교, 정치적 신념, 경제적·사회적 조건에 상관없이 모든 사람이 평등하게 누려야 할 권리예요.

식품 사막에 사는 흑인이 안고 있는 문제는 단순히 '식료품을 구하기 어려워서 겪는 불편함'이 아니에요. 건강이 걸린 문제이며 생존과도 연결돼 있어요. 이 때문에 현재 미국에서는 흑인의 건강권을 보호하고 사회적 평등을 이루기 위해 다양한 움직임이 일고 있어요.

· 정부가 흑인 거주 지역에 신규 식료품점을 여는 사업자에게 세금 혜택을 주는 일.

· 식생활을 개선할 수 있도록 공동체 텃밭이나 지역 농산물 직거래 장터를 만드는 일.

· 흑인에게 일자리 교육 프로그램을 제공해 경제적 능력을 키우도록 돕는 일.

· 흑인 단체 스스로 식품 사막 해결 프로젝트를 운영할 수 있게 적극적으로 지원하는 일.

흑인이 차별에서 벗어나 건강하게 살 수 있도록 함께 고민하고 노력하고 있지요.

| 식품 사막에서 찾은 오아시스 |
퍼스트레이디가 시작한 텃밭 가꾸기 열풍

식품 접근성을 위해 설립된 지역 공동체 농장에 방문한 미셸 오바마

미국 오바마 대통령이 재임했던 2009년에 퍼스트레이디 미셸 오바마는 백악관에서 직접 텃밭을 가꾸었어요. 미셸은 학생들을 초대해 함께 텃밭에 퇴비를 뿌리고 씨앗을 심었어요. 수확한 상추, 토마토 등의 채소는 대통령 가족의 식탁에 오르거나 워싱턴에 있는 흑인 거주지와 노숙자 쉼터로 보냈어요.

퍼스트레이디가 텃밭을 일구는 모습이 언론에 소개되면서 도시 농부가 늘어났어요. 이후 GYO(Grow Your Own, 야채 직접 기르기)나 로커보어(locavore, 가까운 곳이나 국내에서 생산된 먹거리만 먹는 사람)라는 단어가 유행하며 신선한 식재료에 대한 관심이 높아졌어요. 식품 사막 거주자들도 텃밭을 가꾸어 건강한 식생활을 하려는 움직임이 생겼어요. 또 뉴욕에서는 '그린 게릴라'라는 단체가 시내 곳곳의 자투리땅에 텃밭을 만들었어요. 현재 600여 개의 텃밭에서 2만여 명이 채소를 키우고 있어요.

| 건강한 식품을 팔면, 세금을 깎아 드립니다!

미국 정부는 도시 농부가 늘어나고 텃밭을 가꾸는 사람이 많아지자, 이를 활용해 식품 사막 문제를 해결하는 정책을 만들었어요. 식품 사막 지역에 신선 식품을 판매하는 식료품 소매점을 열면 세금을 깎아 주고 식료품을 보관하는 냉장고나 진열대를 지원하기로 했어요. 덕분에 도시 농부 활동과 텃밭 가꾸기로 수확한 농작물을 파는 가게가 늘어났고, 흑인 거주 지역에도 식료품 소매점이 하나둘 생기고 있어요.

식량 불안 해소를 위해 나선 흑인 식료품 협동조합

미국 웨스트 오클랜드에는 패스트푸드 상점은 많았지만 식료품을 파는 곳은 적었어요. 가까운 거리에서 샐러드 만들 재료를 구하기가 매우 어려웠지요. 미국 농무부는 웨스트 오클랜드를 식품 사막으로 지정했어요. 그러자 흑인으로 구성된 만델라 식료품 협동조합은 이 지역에 매장을 열었어요. 흑인들에게 신선한 식재료와 경제 활동 기회를 제공하기 위해서였어요. 약간의 비용만 지불하면 누구나 조합원이 되어 매장에서 신선한 야채와 과일, 식료품을 살 수 있고 매장에서 일해 수입을 얻을 수도 있어요. 만델라 협동조합은 이익만이 목적이 아니라, 서로 필요한 것을 해결하기 위해 함께 소유하는 협동조합의 바람직한 모습을 보여 줘요. 이곳의 목표는 흑인에게 신선한 식재료를 공급해 건강한 삶을 살게 하는 데 있어요.

흑인 협동조합은 노예 제도가 있던 시절에 뿌리를 두고 있어요. 당시에 농장주는 흑인 노예가 숙소 뒤편에서 농작물 기르는 일을 허용하기도 했어요. 농장주는 목숨만 유지할 정도로 아주 적은 양의 음식만 주었기 때문에, 텃밭 경작은 흑인 노예에게 아주 중요한 일이었지요. 이들은 공동으로 텃밭을 경작하고 수확물을 나누었어요. 또 경작에 사용할 농기구를 사기 위해 돈을 모으는 모임을 만들었는데, 이것이 후에 흑인 협동조합으로 발전했지요.

식품 사막의 단비, 푸드 뱅크

푸드 뱅크는 무상으로 음식을 나눠 줘요.

식품은 생산, 유통, 판매, 소비 과정을 거칠 때마다 남은 먹거리가 나와요. 푸드 뱅크(food bank)는 남은 먹거리를 식품 제조 업체, 개인 등의 기부자로부터 제공받아 먹거리가 필요한 복지 시설과 개인에게 무상으로 제공하는 식품 지원 복지 단체예요. 저소득층에게는 단비 같은 존재지요. 특히 빈곤한 흑인과 식품 사막에 사는 흑인이 푸드 뱅크를 많이 이용하고 있어요. 푸드 뱅크를 통해 기부자는 나누는 기쁨을 느끼고, 이용자는 배고픔에서 벗어날 수 있어요. 또 환경 오염의 주범이 된 남은 음식 문제도 해결할 수 있지요.

젠트리피케이션 때문에 야채 가게가 없어졌어요!

| 높은 임대료와 내몰리는 식료품 가게 |

우리 동네가 유명해지면 좋은 거 아니야?

우리 동네는 핫 플레이스

수업이 끝나자마자 주은이는 친구 소율이 팔짱을 끼고 재빨리 학교를 빠져나왔어요. 학원에 가기 전에 가 보고 싶은 곳이 있었거든요.

"사거리에 곰돌이 모양 케이크를 파는 카페가 새로 생겼거든. 인기 배우 미지 언니도 거기 다녀갔대."

"나도 방송에서 봤어. 케이크가 아주 예쁘게 생겼더라."

"우리 그거 딱 하나만 먹고 학원 가자!"

둘은 새로 생긴 상점 이곳저곳을 구경하며 신나게 걸었어요. 주은이는 문득 오늘 학교에서 배운 식품 사막 얘기가 떠올랐어요.

"우리 성수동은 식품 사막이 아니라서 참 다행이야."

소율이도 맞장구치며 말했어요.

"맞아. 우리 동네는 소멸되고 있는 지역도 아니고, 가난한 동네도 아니고, 버스, 지하철 같은 대중교통도 엄청 편리하니까 절대 식품 사막은 되지 않겠지?"

"뭘 그렇게 어렵게 이유를 찾아? 소율이 너희 집이 야채 가게잖아!"

"아! 맞다. 우리 야채 가게는 절대 없어지지 않을 테니 걱정하지 마."

둘은 한바탕 웃었어요.

소율이와 주은이는 한동네에 살아요. 소율이네는 할아버지 뒤를 이어 아빠가 야채 가게를 하고 있어요. 야채 가게라고 부르지만 없는 게 없어요. 야채는 기본이고, 음료수, 밀키트, 냉동식품까지 다 팔아요. 주은이는 어릴 때 심부름으로 콩나물, 두부 같은 식료품을 사러 뻔질나게 드나들다가 소율이랑 단짝이 됐어요.

수다를 떨다 보니 벌써 카페 앞에 도착했어요. 많은 사람들이 이미 줄을 서 있었어요.

"저 언니, 오빠는 다 어디서 왔을까? 옷차림 좀 봐. 멋지다."

소율이가 사람들을 훑어보며 말했어요.

"같이 줄 서 있으니까 우리도 예뻐 보이겠지?"

신이 난 주은이는 손바닥으로 얼굴에 꽃받침을 하며 웃었어요.

몇 년 전부터 방송에 연예인들이 성수동에서 맛있는 음식을 먹고 예쁜 물건을 사는 모습이 많이 나왔어요. 그 후로 많은 사람들이 성수동이 핫한 동네라며 찾아왔어요. 주은이는 자기도 막 인기가 올라간 것 같아 우쭐했어요. 날마다 소율이랑 새로운 상점이 생기는 골목골목을 누비며 구경하는 재미도 쏠쏠했어요.

주은이가 언제쯤 카페 안으로 들어갈 수 있을지 목을 쭉 빼고 앞을 보는데 소율이가 주은이 옷소매를 살짝 잡아당기며 귓속말했어요.

"주은아, 미지 언니가 또 왔나 봐."

뒤를 돌아보니 정말 미지 언니가 서 있었어요. 사람들이 언니를 보려고 몰려들며 웅성대기 시작했어요. 주변이 금세 시끌벅적해졌어요.

쫓겨나는 사람들

"주은아, 여기 왼쪽 손목에 파스 좀 붙여 다오."

"어디 다치셨어요?"

주은이가 물으니 할아버지는 아직도 화가 난다는 듯 인상을 쓰며 말씀하셨어요.

"남의 집 앞에서 뭔 사진을 그렇게 찍어 대는지. 앞에 새로 생긴 화장품 가게 있지? 거기서 한 방, 우리 집 앞에서 한 방. 뭐가 그렇게 좋은지 하하 호호 웃어 대고."

"우리 집이 예쁜가 보죠, 뭐. 전 좋은데 할아버지는 싫으세요?"

"좋긴, 이 녀석아. 사진만 찍으면 내가 말을 안 해. 꼭 손에 들고 있던 플라스틱 컵을 버리고 가더라고. 시끄럽고 쓰레기는 쌓이고! 내가 오늘 그거 다 모아서 버리다가 손목을 삐끗했지 뭐냐!"

주은이는 동네가 핫 플레이스가 된 것만 좋았지, 이런 문제가 생긴 줄은 몰랐어요. 어쩐지 할아버지께 죄송한 생각이 들어 할아버지 팔을 조물조물 열심히 주물러 드렸어요.

그 때, 초인종 소리가 들렸어요.

문을 열어 주니, 옆 건물 주인 부씨 아줌마가 쑥 들어왔어요. 부씨 아줌마는 음료수 박스를 주은이 손에 들려 주며 말했어요.

"주은이 할아버지, 마침 계셨네요. 내일부터 저희 건물 공사를 시작해요. 철거할 때 소음도 좀 나고, 공사 장비도 며칠 세워 둘 예정이에요. 양해 부탁드려요."

"멀쩡한 건물을 왜 공사하는 거요?"

"새로 옷집이 들어오는데요. 월세도 올려 주고 건물도 자기들 스타일로 싹 고친다고 해서 허락했어요."

"아니, 거기는 지금껏 세탁소가 영업하고 있지 않았소? 혹시 새로 들어올 옷집이 월세 올려 준다고 해서 내쫓았소?"

할아버지가 언성을 높여 말씀하셨어요.

"아휴, 내쫓기는요. 계약 기간이 다 됐길래 세탁소에 먼저 '월세를 좀 올려 달라, 아니면 다른 세입자를 구하려고 한다.' 이렇게 정중하게 양해를 구했죠."

"정중은 무슨! 그게 양해를 구하는 거요? 내쫓는 거지!"

할아버지는 버럭 화를 내고는 방으로 들어가 버리셨어요. 주은이는 안절부절못했어요.

때마침 아빠가 와서 부씨 아줌마랑 얘기를 하고 돌려보냈어요. 아빠도 조금 화가 나 보였어요. 친하게 지냈던 세탁소 아저씨가 어쩔 수 없이 이사를 가게 됐다며 안타까워했어요.

"월세를 엄청 많이 올려 달라고 했나 보더라. 옷 수선을 지금보다 두 배로 해도 못 벌 액수라던데, 이게 말이 되냐고! 이러다 토박이 상인들이 다 쫓겨나겠어."

아빠는 심각한 표정으로 한숨을 쉬었어요. 저녁 식사 준비도 잊은 눈치였어요.

"근데, 아빠. 할아버지 저녁 안 드려요? 저도 배고파요."

조심스럽게 묻는 주은이 말에 아빠는 얼른 소율이네 가게에 가서 감자랑 두부를 사 오라고 했어요. 주은이는 집을 나서며 생각했어요. 이해가 좀 안 되기도 했어요.

'할아버지랑 아빠는 자기 일도 아닌데 왜 저렇게 심각하지?'

기분이 가라앉은 주은이는 소율이가 보고 싶었어요. 눈치 빠른 소율이는 은근히 사람 기분을 잘 풀어 주거든요.

마침 가게에 소율이가 있었어요. 그런데 감자랑 두부를 담아 주는 소율이 표정이 어쩐지 어두웠어요.

"왜 그래? 소율아, 무슨 일 있어?"

"주은아, 우리 어떡하지? 주인이 가게 월세를 올려 달라고 해서 우리 이사 가야 할지도 모른대……."

울먹이며 말하는 소율이를 보자, 주은이는 그제야 할아버지와 아빠 마음이 이해됐어요.

소율이네 야채 가게가 사라지면 어쩌지?

저녁 시간. 식탁에 평소 좋아하던 감자볶음과 매콤한 두부조림이 올라왔지만, 주은이는 입맛이 없었어요. 단짝 소율이랑 헤어질지도 모른다고 생각하니 밥도 먹기 싫었어요.

왜 풀이 죽었는지 묻는 아빠에게 소율이네 이야기를 했더니 할아버지와 아빠는 화가 난 듯 얼굴을 찌푸렸어요.

"망둥이가 뛰면 꼴뚜기도 뛴다더니. 옆 건물에서 월세를 올려 받았다니까 소율이네 건물 주인도 월세를 올려 받고 싶었구먼."

"가뜩이나 동네 임대료가 올라서 삼거리 대형 마트까지 철수했잖아요. 그래서 소율이네 장사가 더 안된다는데 월세를 올려 달라니, 거참."

아빠가 혀를 찼어요.

"근데 아빠, 대형 마트는 왜 없어졌어요?"

"많은 사람들이 식료품과 물건을 인터넷 쇼핑몰에서 사니까 점포 매출이 많이 떨어져서 그렇단다."

"대형 마트가 없으면 소율이네 가게는 장사가 더 잘돼야 하지 않아요?"

"그랬으면 얼마나 좋겠니? 하지만 동네 대형 마트에 가던 사람들이 이제는 강 건너에 있는 대형 마트에 가서 장을 본다는구나. 멀리 간 김에 거기서 식료품과 물건을 많이 사 와서 소율이네는 더 장사가 안된다고 하더라."

할아버지가 젓가락으로 두부조림 하나를 집어 들고 말씀하셨어요.

"소율이네 가게가 있어서 우리가 손쉽게 두부며, 과일이며, 야채 같은 걸 사 먹었는데. 이제 차를 타고 나가서 사 와야 할지도 모르겠구나."

"그러게요, 아버지. 젠트리피케이션 때문에 둥지를 잃는 사람도 많아지고, 먹거리 하나도 제대로 살 수 없게 되네요."

'젠트리? 젠트리피케이션? 그게 뭐지?'

주은이가 아빠에게 물으려는데 밖에서 시끄러운 소리가 들렸어요.

할아버지는 분명 성수동에 구경 와서 사진 찍고 깔깔거리는 사람들일 거라며, 한마디 해야겠다고 서둘러 나가셨어요. 아빠와 주은이도 따라 나갔어요.

큰 소리는 소율이네 가게 앞에서 났어요. 소율이 아빠와 건물 주인 아저씨가 싸우고 있었어요.

"임대료를 올리는 것도 형편을 좀 감안해 주셔야죠. 형편에 맞는 적정선이 있지 않습니까?"

주인 아저씨는 소율이 아빠 얼굴에 삿대질을 하며 말했어요.

"적정선은 무슨! 이 근방 임대료가 벌써 몇 년 전부터 올랐는데 그동

안 내가 봐준 거라고. 나도 손해야. 눈이 있으면 좀 봐. 주변 시세를 좀 보라고! 내가 싹 다 헐어 버리고 새로 짓고 싶은데 꾹 참고 있었다고!"

겁에 질려 엄마 뒤에 숨어 있던 소율이가 주은이를 보자마자 달려와 안겼어요.

'동네가 유명해지고 새로운 가게가 많이 생겨 좋은 줄 알았는데. 왜 원래 살던 사람들은 괴로워지지?'

주은이는 도무지 알 수 없었어요.

소율이네가 이사 가면 주은이는 친구도 잃고, 식료품도 바로바로 사 먹을 수 없게 돼요. 주은이 머릿속에 아무것도 없는 사막이 펼쳐졌어요. 성수동은 절대 식품 사막이 되지 않을 거라고 좋아했는데 그게 아니었어요.

주은이는 소율이 등을 토닥이며 아빠에게 젠트리피케이션 문제가 뭔지 꼭 물어봐야겠다고 생각했어요.

'핫한 동네에 살아서 이렇게 머릿속이 뜨거워지나?'

주은이는 갑자기 훅 덥다는 생각이 들었어요.

젠트리피케이션이 뭐예요?

낡은 공장 지대였던 미국의 브루클린은 젠트리피케이션으로 고급 주택, 카페, 상점이 들어선 유명 관광지가 됐어요. ⓒAdjoajo

젠트리피케이션(gentrification)은 중산층이나 하류층이 생활하던 지역에 상류층 주거 지역이나 고급 상점가가 새롭게 형성되는 현상을 말해요. 새로운 상권이 생기고, 새로운 사람들이 들어오고, 이들 취향에 맞는 시설과 상점이 또 생기는 과정을 거쳐 지역이 새롭게 구성되지요. 하지만 외부인이 들어와 자리를 잡으면서 본래 거주하던 원주민이 밀려나는 문제가 발생했어요. 국립국어원에서는 젠트리피케이션을 '둥지 내몰림'이라는 말로 표현했어요. 젠트리피케이션은 서울 성수동, 홍대 앞, 서촌, 북촌, 경리단길, 가로수길의 문제로 알려져 있지만, 서울뿐 아니라 지방, 해외 도시에서도 일어나고 있어요.

임대료 상승 때문에 떠나는 원주민

왜 살던 지역이 번성하는데 원주민은 다른 곳으로 내몰릴까요? 한번 상상해 봐요. 어떤 낙후된 지역이 있어요. 임대료가 다른 곳에 비해 저렴한 이곳에 돈 없는 예술가와 영세 상인이 작업실과 가게를 차리면서 동네 분위기가 바뀌기 시작해요. 낙후됐던 동네가 서서히 활기차고 볼거리가 많은 곳으로 변해요. 주은이네 동네처럼 핫 플레이스가 되기도 해요. 그런데 이제 다른 문제가 생겨요. 땅값, 집값, 건물값, 임대료, 부동산 가격이 올라요. 이곳에 들어와 장사하려는 사람이 많아지니 임대료가 자연스럽게 오르고, 돈 많은 사람들이 건물을 사고 싶어 하니까 건물값도 올라요. 결국 오랫동안 이곳에서 살던 주민과 상인은 높아진 임대료를 낼 수 없어 떠나게 돼요. 소율이네 야채 가게처럼요.

젠트리피케이션과 식품 사막

젠트리피케이션을 규탄하는 문구 ⓒProf.lumacorno

왜 임대료가 상승하면 야채 가게나 식료품 매장 같은 작은 상점이 직격탄을 맞을까요? 젠트리피케이션 바람이 불면 새로운 상점이 들어오고 기존보다 높은 임대료가 형성돼요. 높은 임대료를 낼 수 있는 상점은 대기업 프랜차이즈 매장이나 비싼 물건과 음식을 파는 고급 상점이 대부분이에요. 콩나물, 두부, 야채 등 식료품을 팔아 번 돈으로는 도저히 비싼 임대료를 낼 수 없어요. 그래서 식료품 매장은 울며 겨자 먹기로 문을 닫을 수밖에 없어요. 또 젠트리피케이션 때문에 기존에 살던 주민들이 이사를 가면 식료품 매장을 이용하는 고객이 줄어요. 남아 있는 주민들도 동네에 식료품 매장이 자꾸 사라지니 아예 다른 지역 대형 마트에 가서 물건을 싹 사오거나 인터넷으로 주문하는 경우가 많아요. 결국 그나마 남아 있던 식료품 매장도 폐점하거나 임대료가 싼 동네로 옮겨요. 식품 사막을 심화시키는 원인 중 하나로 젠트리피케이션이 꼽히고 있어요.

사람이 많아지면서 생기는 소음과 쓰레기

서울 서촌은 한옥이 많아 고즈넉한 정취가 있는 동네였어요. 2012년부터 서촌에 개성 있는 공방, 카페, 갤러리가 생기기 시작하면서, 예스러운 동네에 젊은 예술가의 감각이 더해져 독특한 문화가 형성됐어요. 동네 주민들과 젊은 예술가들은 조화를 이루며 살았지요. 그런데 서촌을 구경하러 몰려드는 사람들 때문에 문제가 생겼어요. 사람들은 밤낮을 가리지 않고 찾아와 시끌벅적 떠들었고, 음식 용기와 음료수 컵을 길에 아무렇게나 버려 동네 곳곳에 쓰레기가 넘쳐 나게 됐어요. 서촌은 독특한 문화가 있는 동네에서 관광지가 돼 버려 주민들은 소음에 밤잠을 설쳐야 했어요. 또 허락 없이 집 앞마당까지 들어와 사진을 찍는 사람 때문에 불안감을 느끼는 일도 많아졌어요.

| 식품 사막에서 찾은 오아시스 |
젠트리피케이션을 막으려는 구청과 상인의 협력

젠트리피케이션 하면 마치 상징처럼 떠오르는 성수동은 서울 성동구에 있어요. 성동구는 성수동에서 젠트리피케이션 현상이 나타나자 주민이 참여하는 '상호 협력 주민 협의체'를 만들고, 지속 발전 가능 구역을 정해 건물주와 상가 세입자가 '상생 협약'을 체결하도록 도왔어요. 임대료를 적게 올려 함께 잘살자는 약속에 구청이 중재 역할을 맡은 거예요. 그 결과 상생 협약 참여 건물뿐 아니라 지역 전체의 임대료 인상률이 어느 정도 떨어지는 효과가 나타났어요. 성동구는 '공공 안심 상가'도 만들었어요. 구청은 신청을 받은 건물을 공사해 높이를 올려 주고, 그 대가로 공간 일부를 넘겨받아 소규모 상점과 사업장에 저렴한 가격으로 빌려주고 있어요.

| 임차인(세입자)을 법으로 보호해요

건물의 주인은 건물주, 공간을 임대해 쓰는 사람은 임차인이라고 불러요. 주인이 요구하면 임차인은 나가야 한다고 생각하기 쉬워요. 하지만 우리나라는 '임대차 보호법'으로 임차인을 보호하고 있어요. 정당한 사유가 없으면 정해진 기간 동안 건물주가 임차인과의 재계약을 거절할 수 없게 법으로 보장하고 있어요. 재계약은 계약을 다시 맺는다는 뜻인데 임차인이 계속 공간을 사용할 수 있다는 얘기예요. 임대차 보호법은 건물주가 임차인을 함부로 내쫓는 행위를 법으로 엄격하게 금지하기 위해 만들어졌어요. 또한 임대료를 올릴 때도 상한선을 두어 법으로 정한 한도까지만 올릴 수 있어요. 이렇게 임차인을 법으로 엄격하게 보호하는 이유가 뭘까요? 걱정 없이 살 권리, 걱정 없이 장사할 권리를 보장하겠다는 의미예요. 하지만 법으로 정한 기간과 한도에 대한 생각이 달라 건물주와 임차인 사이에 분쟁이 일어나기도 해요.

지역 상권을 지키는 정책 '보호 상업가'

빈민가에서 핫 플레이스가 된 영국 쇼디치는 예술가와 지역 협동조합이 함께 부동산 개발에 맞서고 있어요.
ⓒ Nizzan Cohen

프랑스 파리는 도시 계획을 세우는 과정에서 젠트리피케이션을 막으려고 특정한 거리를 '보호 상업가'로 지정해 관리하고 있어요. 작은 상점을 운영하는 자영업자를 보호하기 위함이지요. 파리 보호 상업가에 있는 상점은 총 3만여 개라고 해요. 건물이 위치한 거리가 보호 상업가로 지정되면 건물주는 1층에 있는 카페, 빵집, 식료품점, 레스토랑 등을 함부로 내쫓을 수 없고, 1층 상점은 다른 용도로 전환할 수 없어요. 또 시는 보호 상업가에 있는 빈 건물과 주인이 팔려고 내놓은 건물을 사들여 자영업자와 수공업자에게 저렴한 임대료로 빌려주고 있어요. 덕분에 파리에서는 작은 과일 가게와 식료품점, 백 년 넘은 초콜릿 가게 등이 여전히 장사하고 있어요.

도시의 문화적 다양성을 지키려는 모두의 노력

도시가 무분별하게 개발되고 토박이 주민과 상인들이 밀려나는 모습을 보며 도시의 문화적 다양성을 지켜야 한다는 목소리가 커지고 있어요. 각 나라의 정부, 지방 자치 단체, 주민 등 모두가 나서서 노력하는 중이지요. 서울시에서는 빅 데이터를 통해 지역 상권과 임대료 변화를 분석하고 젠트리피케이션을 사전에 막기 위한 정책을 세우고 있어요. 캐나다 몬트리올에서 활동하는 예술가들은 자발적으로 협동조합을 만들고 건물을 매입했어요. 협동조합은 다른 예술가들에게 건물 공간을 저렴한 임대료로 빌려줬어요. 예술가들이 안정적으로 작품 활동을 한 덕분에 몬트리올은 예술 도시로 거듭났고, 여행자들의 발길이 끊이지 않고 있어요. 일본 도쿄의 야나카는 주민들이 직접 나서서 개발붐을 막았어요. 야나카 마을 공동체는 새로 들어오는 상인, 입주자와 건축과 인테리어 양식을 협의하고 마을 문화를 공유해요. 이런 노력 끝에 야나카에는 백 년 넘은 전통 가옥과 현대식 건물이 조화를 이루며 공존하고 있어요.

우리 동네가
식품 사막이 된다고?

1판 1쇄 인쇄 2024년 10월 17일
1판 1쇄 발행 2024년 10월 31일

글 장예진
그림 편히
발행인 손기주

편집팀장 권유선
편집 장효선
디자인 썬더키즈 디자인팀
세무 세무법인 세강

펴낸곳 썬더버드
등록 2014년 9월 26일 제 2014-000010호
주소 경기도 의왕시 정우길47. 2층
전화 02 6368 2807 **팩스** 02 6442 2807

이메일 sonkaya40@naver.com   **인스타그램** @ thunderkidsbook

ISBN 979-11-93947-18-0(73330)

값은 뒤표지에 있습니다. 잘못된 책은 구입하신 곳에서 바꾸어 드립니다.
썬더키즈는 썬더버드의 아동서 출판브랜드입니다.

 어린이제품 안전특별법에 의한 제품 표시사항
제조자명: 썬더버드 | 제조국명: 대한민국
제조년월: 2024년 10월 31일 | 사용연령: 10세 이상